AF394893

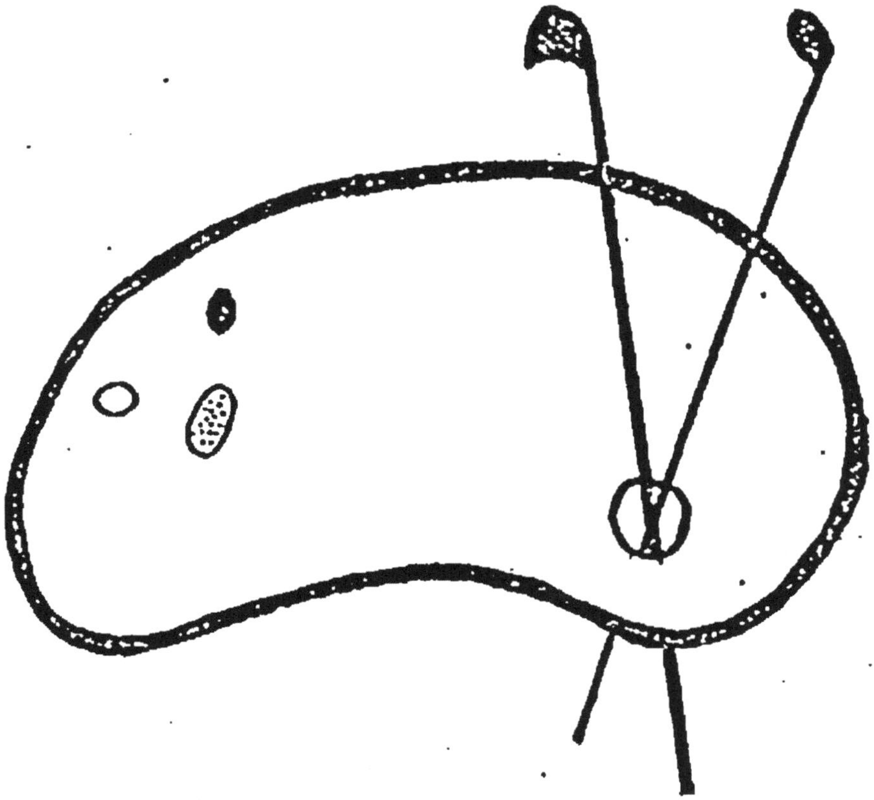

DEBUT D'UNE SERIE DE DOCUMENTS
EN COULEUR

DOCUMENTS

RELATIFS A

la Réforme

DE

l'Enseignement secondaire

en Prusse

— 1900-1902 —

PARIS

LIBRAIRIE CH. DELAGRAVE

15, RUE SOUFFLOT, 15

—

1902

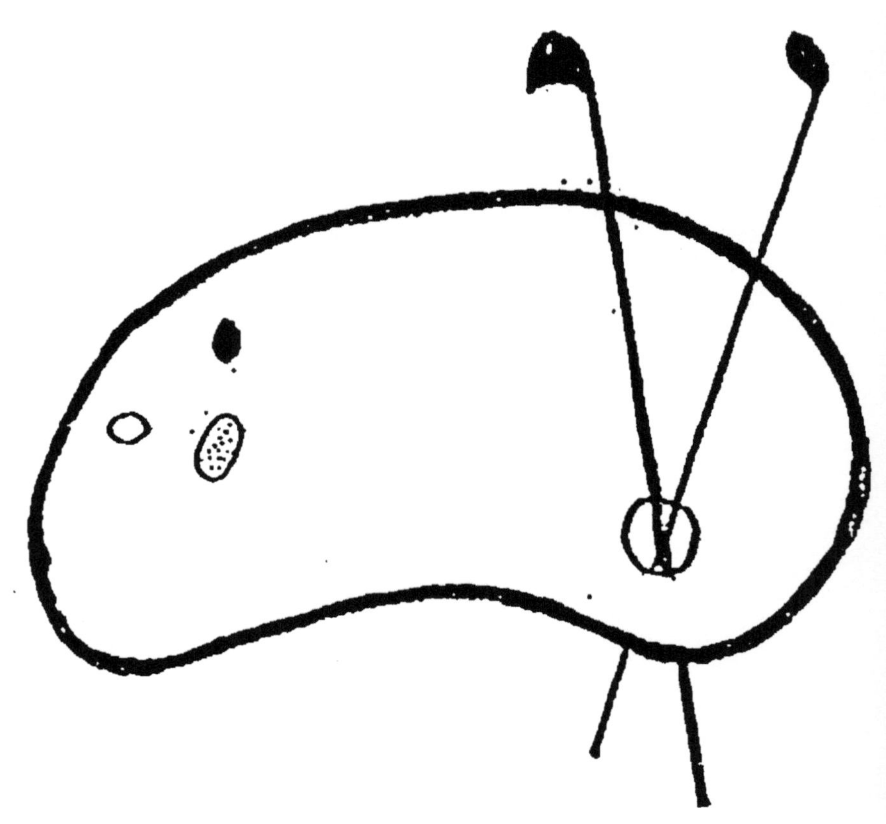

FIN D'UNE SERIE DE DOCUMENTS
EN COULEUR

DOCUMENTS RELATIFS A LA RÉFORME

DE

L'ENSEIGNEMENT SECONDAIRE

EN PRUSSE

— 1900-1902 —

DOCUMENTS

RELATIFS A

la Réforme

DE

l'Enseignement secondaire

en Prusse

— 1900-1902 —

PARIS

LIBRAIRIE CH. DELAGRAVE

15, RUE SOUFFLOT, 15

—

1902

DOCUMENTS RELATIFS A LA RÉFORME

DE

L'ENSEIGNEMENT SECONDAIRE

EN PRUSSE

I

LE RESCRIT IMPÉRIAL DE 1900.

« Vu le rapport du 20 novembre de cette année, Nous déclarons consentir à ce que la réforme de l'enseignement secondaire, inaugurée par Nous en 1892, soit continuée d'après les points de vue suivants :

1. En ce qui concerne les sanctions, on établira comme principe que les Gymnases classiques, les Gymnases réaux et les Écoles réales supérieures doivent être considérés comme étant de la même valeur pour la culture générale de l'esprit, et qu'un examen complémentaire ne sera dorénavant nécessaire que pour certaines études et carrières qui exigent des connaissances préparatoires spéciales, lesquelles ne rentrent pas, ou pas au même degré, dans le programme de tous les établissements. C'est en considération de ce principe qu'il convient de donner plus d'extension aux sanctions des établissements réaux. Cette mesure indique, en même temps, le chemin le plus sûr pour arriver à développer l'autorité et la fréquentation de ces établissements et à répandre davantage les connaissances réales.

2. En reconnaissant, en principe, la valeur égale des trois ordres d'établissements secondaires, il deviendra possible d'accentuer plus

fortement le caractère particulier de chacun. C'est pourquoi Nous ne voulons élever aucune objection contre le dessein de renforcer en conséquence le latin dans les programmes des Gymnases classiques et réaux. Mais nous attachons un prix tout particulier à ce que la langue anglaise, dont la connaissance a pris une si grande importance, soit traitée avec plus de soin dans les Gymnases classiques. On permettra, pour cette raison, que le grec puisse être remplacé partout par la langue anglaise jusque dans la classe de IIe B, et que, de plus, dans les trois classes supérieures des Gymnases classiques, lorsque les conditions locales le recommandent, l'anglais devienne obligatoire au lieu et place du français qui subsistera, dans ce cas, comme enseignement facultatif. Il Nous semble aussi indiqué que la géographie soit mieux partagée dans le programme des Écoles réales supérieures, où il reste du temps dans le nombre total des heures hebdomadaires.

3. Des progrès incontestables ont été réalisés depuis 1892 dans la façon dont différentes branches sont enseignées. Il faut en faire davantage encore. Il est du devoir surtout des Directeurs de se rappeler le précepte *Multum, non multa*, et de veiller plus rigoureusement à ce que les mêmes efforts ne soient pas exigés des élèves pour toutes les matières d'enseignement, à ce que les matières les plus importantes soient placées au premier plan et approfondies davantage selon le caractère particulier de chaque établissement.

Dans l'enseignement du grec, il est d'une importance capitale d'écarter les questions inutiles de pure forme et de tâcher principalement de faire place, en même temps qu'au point de vue esthétique, à une exposition qui montre les liens entre le monde antique et la civilisation moderne.

L'enseignement des langues modernes doit viser tout particulièrement la facilité à parler la langue et l'intelligence sûre des auteurs courants.

Dans l'enseignement de l'histoire, on remarque encore deux lacunes : des chapitres importants de l'histoire ancienne sont négligés et on traite avec trop peu de détails l'histoire allemande du dix-neuvième siècle, ses souvenirs réconfortants et ses résultats considérables pour la patrie.

Il reste à désirer que la géographie soit confiée à des professeurs spécialement qualifiés, dans les Gymnases classiques aussi bien que dans les Gymnases réaux.

Dans l'enseignement des Sciences naturelles, il faudra accorder plus de place à la représentation visuelle et aux expériences; il faudra le vivifier par des excursions fréquentes. En physique et en chimie il ne faudra pas négliger les applications et le côté technique.

Pour le dessin, qui d'ailleurs doit viser aussi la faculté de reproduire en de rapides croquis les objets vus, on veillera, dans les Gymnases classiques, à ce que ceux surtout parmi les élèves qui se destinent aux carrières techniques, aux sciences naturelles, aux mathématiques ou à la médecine, profitent assidûment de cet enseignement facultatif.

Outre que l'on devra cultiver davantage les exercices physiques, les plans d'études devront être arrangés en tenant plus de compte de la santé, surtout par la disposition appropriée et la prolongation considérable des pauses qui ont été trop courtes jusqu'à présent.

4. L'examen à la fin du premier cycle n'ayant pas répondu aux espérances qu'on avait conçues en l'introduisant, puisqu'il a plutôt favorisé qu'arrêté l'affluence aux études universitaires, doit être supprimé le plus tôt possible (1).

5. Les écoles organisées sur les modèles d'Altona et de Francfort ont donné, en général, des résultats satisfaisants d'après les expériences faites jusqu'à présent en divers endroits. Par le cycle préparatoire, commun à tous les élèves, y compris les futurs élèves de l'école réale, cette organisation offre aussi un avantage social qu'il convient d'apprécier. Nous désirons donc que l'essai n'en soit pas seulement continué d'une façon appropriée au but visé, mais qu'elle soit expérimentée plus largement là où les conditions s'y prêtent.

Nous aimons à espérer que les mesures que l'on prendra en conséquence de ceci, et pour l'application desquelles Nous comptons sur le zèle éprouvé et fidèle et sur le dévouement intelligent du personnel enseignant, profiteront à nos écoles secondaires et contribueront, pour leur part, en amoindrissant les divergences entre les représentants de l'enseignement classique et ceux de l'enseignement réal, à les amener les uns et les autres à une entente cordiale.

Donné à Kiel, le 26 novembre 1900,

A bord du vaisseau impérial « Empereur Guillaume II ».

Signé : GUILLAUME R.

Contresigné : STUDT.

Au Ministre des Cultes, etc.
U. II. 3701.

(1) Cette suppression est devenue un fait accompli par le décret du 28 janvier 1901, signé par tous les membres du ministère d'État. La promotion de la classe de IIe B en IIe A (voy. p. 77) tient lieu désormais de l'examen et du diplôme de fin de cycle, et comporte toutes les sanctions (admission aux carrières subalternes, service militaire d'un an, etc.) qui y étaient attachées. (*Trad*).

II

PLANS D'ÉTUDES [1].

Les nouveaux plans d'études ont été communiqués aux «Collèges scolaires royaux des provinces» le 29 mai 1901.

Dans la lettre qui les accompagnait (U. II. 1694), le Ministre en recommande l'adoption immédiate (autant que possible) ou graduelle, dans tous les établissements secondaires, à partir de l'année scolaire suivante, en commençant par les classes inférieures.

En outre, le Ministre fait savoir que le nombre des membres compétents des Collèges scolaires a été augmenté, et que les inspecteurs s'assureront, par des tournées fréquentes, si les dispositions du rescrit impérial sont soigneusement suivies, notamment en ce qui concerne l'enseignement plus détaillé de l'histoire allemande au dix-neuvième siècle, et la participation plus assidue à l'enseignement du dessin des élèves qui se destinent à la médecine, aux mathématiques, aux sciences naturelles ou appliquées.

(1) *Centralblatt für die gesammte Unterrichtsverwaltung in Preussen*, juin-juillet 1901, pp. 471-511. — *Lehrpläne und Lehraufgaben für die höheren Schulen in Preussen von 1901*. Halle a. d. S., 1902, in-8°, pp. 3-74.

PLANS D'ÉTUDES GÉNÉRAUX.

Entre deux sujets formant un groupe l'interversion des nombres d'heures fixés pour chacun peut être admise temporairement ; dans les tableaux suivants, les accolades indiquent les groupes de sujets entre lesquels une telle interversion est permise.

A. — PLAN D'ÉTUDES DES GYMNASES CLASSIQUES.

	VIe (1re Année).	Ve (2e année).	IVe (3e année).	IIIe B (4e année).	IIIe A (5e année).	IIe B (6e année).	IIe A (7e année).	Ire B (8e année).	Ire A (9e année).	TOTAL
Religion.	3	2	2	2	2	2	2	2	2	19
Allemand et narrations d'Histoire.	3/1 } 4	2/1 } 3	3	2	2	3	3	3	3	26
Latin.	8	8	8	8	8	7	7	7	7	68
Grec.				6	6	6	6	6	6	36
Français.			4	2	2	3	3	3	3	20
Histoire.			2	2	2	2	3	3	3	17
Géographie.	2	2	2	1	1	1	—	—	—	9
Arithmétique et Mathématiques.	4	4	4	3	3	4	4	4	4	34
Sciences naturelles.	2	2	2	2	2	2	2	2	2	18
Calligraphie.	2	2								4
Dessin.		2	2	2	2					8
TOTAL . . .	25	25	29	30	30	30	30	30	30	259

Viennent s'ajouter :

Comme *obligatoires:*

Trois heures de *gymnastique* pour toutes les classes et deux heures de *chant* pour les élèves de la VIe et de la Ve. Des dispenses individuelles ne peuvent être accordées que sur un certificat de médecin et, en règle générale, pour six mois seulement. Les élèves de IVe et des classes supérieures qui sont doués pour le chant sont tenus de faire partie des chœurs.

Comme *facultatives :*

Deux heures de *dessin* dans les classes supérieures depuis la IIe B; deux heures d'*anglais* et deux heures d'*hébreu* à partir de la IIe A.

Les élèves qui s'inscrivent pour un enseignement facultatif s'engagent à suivre cet enseignement au moins pendant six mois.

Des leçons de *calligraphie* doivent être organisées à part pour les élèves de la IVe et de la IIIe classes dont l'écriture est mauvaise.

Une modification dans le plan d'études ci-dessus est admissible en ce sens que *l'enseignement obligatoire du français* dans les classes supérieures, IIe A, Ire B et Ire A (3 heures dans chacune) peut être remplacé par *l'enseignement obligatoire de la langue anglaise* pendant *trois* heures ; *dans ce cas, l'enseignement du français devient facultatif et deux heures lui seront consacrées par semaine.*

En IIIe B et A et en IIe B *le grec peut être remplacé* par d'autres matières ; et alors les (six) heures fixées pour cet enseignement doivent être distribuées de la façon suivante : trois heures seront *régulièrement* consacrées à la *langue anglaise* dans les trois classes ; en IIIe B et A le *français* occupera, en règle générale. deux heures, l'*arithmétique* et les *mathématiques* une heure du temps qui reste, tandis qu'en IIe B le *français* n'occupera qu'une heure, les *mathématiques* et les *sciences naturelles* deux heures du temps disponible.

B. — PLAN D'ÉTUDES DES GYMNASES RÉAUX.

	CLASSE DE									TOTAL
	VIe	Ve	IVe	IIIe B	IIIe A	IIe B	IIe A	Ire B	Ire A	
Religion.	3	2	2	2	2	2	2	2	2	19
Allemand et narrations d'Histoire.	3/1 } 4	2/1 } 3	3	3	3	3	3	3	3	28
Latin.	8	8	7	5	5	4	4	4	4	49
Français.			5	4	4	4	4	4	4	29
Anglais.				3	3	3	3	3	3	18
Histoire.			2	2	2	2	3	3	3	17
Géographie.	2	2	2	2	2	1	—	—	—	11
Arithmétique et Mathématiques.	4	4	4	5	5	5	5	5	5	42
Sciences naturelles.	2	2	2	2	2	4	5	5	5	29
Calligraphie.	2	2								4
Dessin.		2	2	2	2	2	2	2	2	16
Total . . .	25	25	29	30	30	30	31	31	31	262

Il faut ajouter, pour chacune des classes à partir de la IIIe A, deux heures de *dessin linéaire facultatif.*

Pour la *gymnastique* et le *chant* voir le plan des gymnases classiques; de même pour la *calligraphie* en IVe et en IIIe.

C. — PLAN D'ÉTUDES DES ÉCOLES RÉALES SUPÉRIEURES.

	CLASSE DE									TOTAL
	VIe	Ve	IVe	IIIe B	IIIe A	IIe B	IIe A	Ire B	Ire A	
Religion.	3	2	2	2	2	2	2	2	2	19
Allemand et narrations d'Histoire.	{4,1} 5	{3,1} 4	4	3	3	3	4	4	4	31
Français.	6	6	6	6	6	5	4	4	4	47
Anglais.			5	4	4	4	4	4	4	25
Histoire.			3	2	2	2	3	3	3	18
Géographie.	2	2	2	2	2	1	1	1	1	11
Arithmétique et Mathématiques.	5	5	6	6	5	5	5	5	5	47
Sciences naturelles.	2	2	2	2	4	6	6	6	6	36
Calligraphie.	2	2	2							6
Dessin à main libre.		2	2	2	2	2	2	2	2	16
TOTAL . . .	25	25	29	30	30	30	31	31	31	262

Il faut ajouter, comme enseignement *facultatif*, deux heures de *dessin linéaire* par classe à partir de la IIIe A.

Pour la *gymnastique* et le *chant*, voir le plan des gymnases classiques ; de même pour la *calligraphie* en IIIe.

D. — PLAN D'ÉTUDES DES ÉCOLES RÉALES
(ÉCOLES BOURGEOISES SUPÉRIEURES).

Le plan d'études de ces écoles est le même que celui des écoles réales supérieures de la IVe jusqu'à la IIe B inclusivement. Leur IIIe correspond à la IIIe B, leur IIe à la IIIe A, et leur Ire à la IIe B des écoles réales supérieures.

On laisse aux inspecteurs le soin de décider dans quelle mesure, en tenant compte des besoins locaux, ce plan peut être modifié en ce sens que, de la VIe jusqu'à la IIe inclusivement, l'enseignement de l'allemand soit renforcé aux dépens de l'arithmétique et des mathématiques ou du français, dont les nombres d'heures seront diminués en conséquence dans lesdites classes. Cette modification ne devra pas entraîner une augmentation du total des heures hebdomadaires. Voici une des formes possibles d'un pareil plan d'études (D 1) :

D 1. — AUTRE FORME D'UN PLAN D'ÉTUDES POUR LES ÉCOLES RÉALES.

	CLASSE DE						TOTAL
	VIe	Ve	IVe	IIIe	IIe	Ire	
Religion.	3	2	2	2	2	2	13
Allemand et narrations d'Histoire.	5 / 1 } 6	4 / 1 } 5	5	5	4	1	29
Français.	6	6	6	5	4	1	31
Anglais.				5	4	4	13
Histoire.			3	2	2	2	9
Géographie.	2	2	2	2	2	2	12
Arithmétique et Mathématiques.	4	4	5	5	5	5	28
Sciences naturelles.	2	2	2	2	5	5	18
Calligraphie.	2	2	2				6
Dessin à main libre.		2	2	2	2	2	10
TOTAL.	25	25	29	30	30	30	169

Il faut ajouter, comme *facultatives*, deux heures de *dessin linéaire* dans chaque classe à partir de la IIIe.

Pour la *gymnastique* et le *chant* voir le plan des gymnases classiques; de même pour la *calligraphie* en IIIe.

ADDITION AUX PLANS A, B, C, D.

On laissera subsister jusqu'à nouvel ordre la combinaison d'un cycle inférieur classique jusqu'à la IIe inclusivement, dans lequel le grec n'est pas obligatoire pour tous les élèves et peut être remplacé par l'anglais, avec un cycle supérieur de gymnase classique ou d'école réale supérieure. Cette combinaison ne comporte pas de plan d'études particulier. En ce cas on suivra, sauf la modification indiquée au sujet du grec et de l'anglais, le plan du gymnase classique ou, à partir de la IIe A, celui de l'école réale supérieure.

Cette forme ne pourra être introduite sans la permission de l'autorité chargée de l'inspection.

L'autorisation ministérielle est indispensable pour l'adoption des plans d'études spéciaux de Francfort et d'Altona (1).

(1) Voir ci-dessous, p. 103, APPENDICE.

PLANS D'ÉTUDES
POUR CHACUNE DES MATIÈRES D'ENSEIGNEMENT.

1. — RELIGION.

[Dans la présente traduction, ce paragraphe de l'original a été laissé de côté ; il s'applique à des matières qui, chez nous, ne font pas partie de l'enseignement comme en Prusse]

2. — ALLEMAND.

Remarque préliminaire. — En principe, le but et les sujets de l'enseignement ainsi que les observations méthodologiques sont les mêmes pour les degrés correspondants des écoles secondaires de toute espèce.

a) But général de l'enseignement.

Cet enseignement apprendra aux élèves à parler et à écrire couramment et correctement la langue maternelle, leur fera connaître les principaux chapitres de l'histoire de notre littérature à l'aide de lectures et rendra plus vivant, chez eux, le sentiment patriotique, surtout en les introduisant dans le monde des traditions germaniques et dans les chefs-d'œuvre de notre littérature qui ont le plus d'importance pour l'école.

b) Sujets de l'enseignement.

Classe de VIe : *4 heures et 5 ou 6 heures par semaine* (1).

(1) La différence des nombres d'heures se rapporte à celle des plans d'études A, B, C, D et aux alternatives permises. (*Trad.*)

Grammaire : Parties du discours, déclinaison et conjugaison ; distinction des formes faibles et des formes fortes. Règles de la phrase simple et de sa ponctuation.

Orthographe: Dictées hebdomadaires.

Lectures : Poésies et morceaux de prose (contes, fables, narrations, récits de la mythologie et de l'histoire nationales (voir Histoire), descriptions d'histoire naturelle et de géographie).

Exercices oraux de narration : Répétitions de morceaux racontés ou lus ; récitations par cœur et déclamations intelligentes de poésies.

CLASSE DE V^e : *3 heures et 4 ou 5 heures par semaine.*

Grammaire: Règles de la phrase simple amplifiée et principes essentiels de la phrase composée et de sa ponctuation, dont les rapports intimes avec la construction syntaxique doivent être constamment mis en relief.

Orthographe et ponctuation : Dictées et narrations écrites hebdomadaires.

Lectures : Poésies et morceaux en prose (récits mythologiques et historiques ; pour le reste, comme en VIe).

Narrations orales : Récitations et déclamations intelligentes de poésies.

CLASSE DE IVe : *3 heures et 4 ou 5 heures par semaine.*

Grammaire : Règles de la phrase composée ; résumé et étude approfondie des règles de la ponctuation. Les premiers éléments de la formation des mots.

Orthographe et composition : Exercices d'orthographe et narrations écrites libres de morceaux lus ou discutés en classe ; tous les mois un travail écrit à faire à la maison.

Lectures : Poésies et morceaux en prose (surtout des descriptions et des tableaux, puis des récits tirés de l'histoire grecque et romaine).

Narrations orales : Récitations et déclamations intelligentes de poésies.

CLASSE DE IIIe B : *2 heures et 3 ou 5 heures par semaine.*

Grammaire : Résumé et revision, en approfondissant, des éléments de grammaire étudiés dans les trois classes inférieures, avec indications particulières des irrégularités et des variations de la langue usuelle, surtout en morphologie.

Compositions écrites : Une composition par mois, faite en classe de temps à autre (narrations, descriptions et récits faciles, parfois sous forme de lettres).

Lectures : Poésies et morceaux en prose (tirés de l'épopée nationale et de la saga du Nord, de l'his toire universelle, de l'histoire de
la civilisation, de la géographie, de l'histoire naturelle ; poèmes épiques et, en particulier, ballades). Biographies de poètes et indications sur les formes et les genres poétiques, nécessaires à l'explication des morceaux lus.

Récitations et déclamations intelligentes de poésies comme dans
les classes antérieures.

CLASSE DE IIIe A : *2 heures et 3 ou 4 heures par semaine.*

Grammaire : Les principales lois de la formation des mots, illus-
trées par des exemples typiques, en particulier l'apophonie, l'in-
flexion, la flexion, la signification des suffixes de dérivation, la composition.

Compositions écrites : Comme en IIIe B ; en plus, des extraits ou
des analyses de morceaux de lecture en prose.

Lectures : En général comme en IIIe B ; on donnera de plus en
plus d'importance à la lecture de poésies à côté des morceaux en
prose. Poésies épiques, lyriques et dramatiques, (en particulier des
ballades de Schiller et d'Uhland ; *Zriny* de Kœrner ; «Ernest, duc de
Souabe» d'Uhland ; *Kolberg* de Heyse, ou des ouvrages semblables ; dans les écoles réales on lira aussi une bonne traduction
d'Homère.) Biographies de poètes et indications sur les formes et
les genres poétiques comme en IIIe B.

Récitations et déclamations de poèmes et de morceaux en vers
comme dans les classes antérieures.

CLASSE DE IIe B : *3 heures et 4 heures par semaine.*

Compositions écrites : Instructions pratiques et exercices en vue
de trouver et d'arranger les matériaux d'une exposition. Compositions
faciles sous forme de dissertations, par ex. comparaisons, narrations et comptes-rendus comme en IIIe, mais plus étendus, et une fois
par mois.

Lectures : La poésie des Guerres de délivrance ; la « Cloche » de
Schiller ; quelques drames historiques (tels que la «Pucelle d'Orléans»
et « Guillaume Tell ») ; en même temps lectures et discussions des
morceaux de la chrestomathie.

Récitation de morceaux en vers et comptes-rendus oraux sur ce qui
aura été lu et expliqué.

CLASSES DE IIe A, Ire B ET A : *3 heures et 4 heures par semaine.*

Compositions écrites faites à la maison et en classe : Les sujets de ces compositions — environ huit par an — seront empruntés surtout à l'enseignement de l'allemand et des matières qui s'y rattachent.

Lectures : Morceaux choisis du *Nibelungenlied*, de *Gudrun* et d'un certain nombre de poésies de Walther von der Vogelweide dans le texte original ou en traduction. On y rattachera des considérations sur les grands cycles de la mythologie germanique (même sur les épopées du Nord en tant qu'elles aident à mieux comprendre les légendes allemandes), sur l'épopée (Parcival) et sur la lyrique courtoises, et on passera en revue quelques faits importants du développement historique de la langue allemande. — On donnera un petit nombre d'échantillon. des œuvres du seizième et du dix-septième siècle. — Klopstock, sa vie, son influence. quelques-unes de ses odes, quelques passages typiques de son « Messie ». — La vie et les principaux ouvrages de Lessing; les plus importants de ses drames, et quelques chapitres de ses écrits en prose, notamment du *Laocoon* et de la « Dramaturgie de Hambourg ». — La vie et les principaux ouvrages de Goethe; on résumera les idées principales des ouvrages lus antérieurement; on traitera d'une façon plus approfondie les poésies lyriques et philosophiques, « Hermann et Dorothée, » « Goetz de Berlichingen, » « Egmont, » « Iphigénie » et, si possible, « Torquato Tasso » ; ensuite on lira des chapitres importants de ses écrits en prose, surtout de *Dichtung und Wahrheit*. En expliquant l'évolution de Goethe, on parlera de Herder et de Wieland. — La vie et les principaux ouvrages de Schiller; on passera rapidement sur les drames de jeunesse, mais on s'arrêtera davantage sur ceux qui n'auront pas encore été lus (en IIe B); on expliquera en détail ses poésies lyriques et philosophiques, surtout « La Promenade », et des morceaux choisis de sa prose. — « Le prince de Hombourg » de Kleist; on donnera, à ce propos, un aperçu du développement et de l'influence de la poésie romantique. Il est à désirer qu'on lise également un drame de Grillparzer (par ex. « Sappho » ou « La Toison d'Or »). — On comparera, en les complétant et en les appréciant d'une façon qui convienne à l'enseignement, des morceaux choisis de poètes modernes tirés de la chrestomathie pour les classes inférieures et moyennes. — De plus, on lira, dans les gymnases classiques, des traductions de Shakespeare et, dans les' établissements réaux, des traductions de drames grecs.

Résumés rétrospectifs sur les genres poétiques. Aperçu bref des différences entre la métrique des anciens et la métrique allemande (moderne). On recommande également de se servir, pour les lectures en prose, d'un recueil destiné aux élèves des classes supérieures et contenant des pages choisies sur l'histoire générale, l'histoire de la civilisation, de l'art et de la littérature, et des morceaux philosophiques.

A l'occasion, on fera apprendre par cœur des passages de poèmes, et *on exercera les élèves à discourir librement* sur des sujets qui ont été traités dans les classes d'allemand ou qui s'y rattachent.

Il est à désirer que l'on traite, mais d'une façon étroitement limitée, les principaux points de *la logique* et de *la psychologie empirique.*

Observations méthodologiques pour l'enseignement de la langue allemande. — Les classes d'allemand sont, comme l'instruction religieuse et l'enseignement de l'Histoire, de la plus haute valeur éducative. Le but qu'elles se proposent est difficile et ne saurait être atteint que par des maîtres dont l'enseignement, basé sur une intelligence profonde de notre langue et de son histoire, animé par l'enthousiasme pour les trésors de notre littérature et par le sentiment patriotique, est capable d'échauffer le cœur de notre jeunesse pour la langue allemande, pour le génie et pour la grandeur intellectuelle du peuple allemand.

1. *L'enseignement grammatical de la langue maternelle* a le devoir de fournir à l'élève un moyen sûr de juger sa propre façon d'exprimer une pensée et celle d'autrui, de continuer à le guider ultérieurement dans les cas douteux, et de lui donner un aperçu des particularités et du développement de sa langue maternelle. Mais cet enseignement doit se borner aux règles les plus nécessaires; il doit s'appuyer constamment sur des exemples bien définis et typiques; il doit revenir sans cesse aux connaissances grammaticales acquises dans les classes antérieures, de manière à ce que les difficultés nouvelles élargissent le cercle des connaissances acquises précédemment, tout en s'y rattachant, et à ce que l'élève conçoive une vue générale et complète. Il faut condamner la méthode qui consiste à traiter la grammaire allemande comme on traiterait celle d'une langue étrangère.

2. Les sujets qui conviennent aux *exercices écrits gradués* s'offriront d'eux-mêmes, en première ligne dans les classes d'allemand; cependant, on en trouvera également dans les lectures de textes en langues étrangères et dans l'enseignement de l'Histoire. Cela n'exclut pas, dans les classes supérieures, les sujets de composition d'un ordre plus général, à condition qu'ils puissent se rattacher à des matières ou à des idées traitées en classe. Les sujets qui se rattachent à des lectures sont recommandés surtout dans les classes supérieures. Cependant, il faut se garder très soigneusement d'exagérer les exigences, notamment quant à l'étendue des travaux.

Les préceptes sur la manière de traiter les sujets proposés sont indispensables à tous les degrés, mais il faut les donner de façon à ce que l'élève apprenne de plus en plus, sous la direction du maître, et à trouver et à ordonner lui-même les idées essentielles. Il faut recommander la simplicité du style, surtout dans la construction des phrases, et s'opposer à l'adoption de formations syntaxiques non conformes au génie de la langue allemande. Les mots étrangers, pour lesquels il existe de bons équivalents allemands, doivent être évités.

Les exercices spéciaux en vue d'apprendre à écrire doivent être secondés constamment et fortement par des exercices de traduction, où l'on doit se préoccuper de rendre les textes en langue étrangère d'une manière non seulement correcte, mais conforme au génie de la langue allemande, et par des exigences analogues quant à la forme des exercices en allemand sur les autres matières d'enseignement.

3. De même il faut avoir soin, dès les classes inférieures, de cultiver la faculté d'*expression orale*, non seulement dans les classes d'allemand, mais dans toutes les autres. Avant tout, le maître doit prêcher d'exemple; toute négligence de sa part exerce une action fâcheuse sur la façon de s'exprimer des élèves. Il faudra constamment exercer les élèves à lire et à réciter en accentuant selon le sens. Dans les classes inférieures, les explications libres d'objets et de choses rendront aussi de bons services. Partout, principalement dans les classes supérieures, il faut exercer les élèves à discourir d'abondance sur ce qu'ils ont lu ou entendu. Il faut avoir soin que de pareils exercices ne dégénèrent jamais en récitation de rédactions apprises par cœur, mais qu'ils développent chez les élèves l'aptitude à formuler en un langage simple et approprié des connaissances sûres et des vues nettes. Tous les professeurs doivent s'appliquer également à tirer pleinement parti des moyens susceptibles de développer la faculté d'expression par écrit et *viva voce*.

4. Le devoir tout particulier de l'enseignement de l'allemand, c'est-à-dire la *culture du sentiment patriotique*, marque le lien étroit qui rattache cet enseignement à celui de l'Histoire. Par la représentation vivante des légendes héroïques allemandes il prépare à l'histoire nationale au même degré qu'il féconde et anime celle-ci par l'introduction à la connaissance des principaux chefs-d'œuvre de notre littérature. En même temps les récits historiques dans les classes d'allemand, en VIe et en V^e, fournissent une matière appropriée aux narrations écrites et orales des élèves.

5. On ne *fera apprendre par cœur* qu'avec mesure, et on se servira d'un choix (canon) de poésies qui devra être revisé de temps à autre.

6. Les *poésies* que l'on voudra expliquer devront, dans les classes

inférieures et moyennes, être lues d'abord à haute voix et avec une bonne diction par le maître lui-même ; après cela le maître ajoutera les explications nécessaires sur la langue et sur le contenu, puis il en dégagera, avec les élèves, les idées fondamentales et secondaires et il finira par en donner, en se résumant, l'explication d'ensemble. Chaque poésie sera lue plusieurs fois à haute voix par les élèves ; le maître leur demandera ensuite de la relire chez eux, et, si c'est un morceau faisant partie du canon, de l'apprendre par cœur pour le réciter. La lecture de pièces dramatiques en IIIᵉ A et en IIᵉ B ne vise que la compréhension du contenu intellectuel de chaque pièce ; on ne fera qu'indiquer d'une façon préparatoire les éléments fondamentaux de la composition dramatique. En lisant des ouvrages plus considérables dans les classes supérieures, il faut, avant tout, en dégager les idées fondamentales en collaboration avec les élèves, constater les divisions principales et les procédés de composition, et rendre accessible ainsi à l'intelligence des élèves l'ouvrage dans son ensemble. On attirera, chemin faisant, l'attention sur la forme artistique. Il est recommandé surtout de comparer des pièces de poésie traitant le même sujet. On ajoutera à la compréhension des épopées et des drames qu'on lira en en étudiant la contexture et les caractères des personnages. Il n'est pas à conseiller de faire lire en classe une œuvre dramatique d'un bout à l'autre ; la lecture avec répartition des rôles n'offre qu'une utilité très limitée et ne doit se pratiquer que pour des scènes particulièrement appropriées et, en règle générale, seulement *après* l'explication et une préparation sérieuse. Quand on lira les classiques du moyen-âge haut-allemand dans le texte original, l'initiation à la grammaire devra se faire concurremment avec la lecture et par la méthode inductive, ce qui n'exclut pas des aperçus d'ensemble.

7. La lecture de *morceaux en prose*, qui doit être pratiquée à tous les degrés concurremment avec celle de la poésie, devra servir à élargir le cercle des idées et des vues de l'élève ; dans les classes supérieures, elle fournira principalement matière à discussion sur d'importantes idées générales. En dirigeant systématiquement ce genre de lectures vers un but déterminé, on secondera efficacement *l'enseignement propédeutique de la philosophie*, dont l'introduction dans le programme des classes de Iʳᵉ est désirable en soi, et on pourra remplacer, au moins dans une certaine mesure, cet enseignement là où les circonstances ne permettent pas de l'introduire. Ce genre d'instruction a pour but d'affermir chez les élèves l'aptitude à traiter logiquement les choses et à s'en faire une conception spéculative ; il doit répondre, sous une forme adaptée aux facultés de compréhension des élèves, au besoin

de notre époque de synthétiser en une vue d'ensemble les résultats des sciences les plus diverses. Il est à désirer que les représentants des autres enseignements scientifiques contribuent pour leur part à l'accomplissement de cette tâche.

3. On n'a voulu prescrire aucune répartition de la matière des lectures pour les trois classes supérieures (II⁰ A, I⁰ B et A), afin de laisser aux divers établissements une latitude plus grande de choix et d'arrangement. On en viendra à bout sans difficulté, si, des ouvrages en prose, on ne fait lire que certains morceaux bien choisis, et si le partage entre la lecture en classe et la lecture privée est opéré de telle manière que les morceaux difficiles soient étudiés sous la direction immédiate du professeur et que les morceaux plus faciles soient laissés à l'étude personnelle de l'élève; mais là encore, de même que dans l'utilisation de la bibliothèque scolaire, le maître ne cessera pas de conseiller et d'aider l'élève et emploiera son influence pour éveiller en lui l'intérêt et la joie au travail. Il ne faut pas perdre de vue que le but principal de toute lecture dans les classes supérieures est la discussion et l'intelligence des sujets, et que l'attention des élèves ne devra pas être détournée de ce but par des développements étendus d'histoire littéraire.

3. — LATIN.

A. — Gymnases classiques.

a) BUT GÉNÉRAL DE L'ENSEIGNEMENT.

C'est l'intelligence des plus importants parmi les classiques latins, obtenue grâce à des connaissances grammaticales solidement établies à l'aide d'exercices sérieux, et l'initiation, par ce moyen, à la vie intellectuelle et à la civilisation de l'antiquité.

b) SUJETS DE L'ENSEIGNEMENT.

CLASSE DE VI⁰ : *8 heures par semaine.*
Morphologie limitée aux formes régulières à l'exclusion des déponents. Acquisition, en vue la lecture, d'un vocabulaire soigneusement mesuré quant au choix et à l'étendue à l'aide du recueil de lectures et d'exercices.
Dans le livre de lectures et d'exercices est employé le vocabulaire des auteurs en prose qui seront lus dans les classes moyennes ; les sujets en sont empruntés principalement aux légendes et à l'histoire anciennes, de façon à ce qu'il existe un rapport avec la lecture posté-

rieure des auteurs au point de vue de la langue et de la matière. A côté de phrases détachées, ce livre donne également des morceaux continus, c'est-à-dire d'abord des morceaux latins, ensuite des morceaux allemands dans lesquels on retrouvera le même vocabulaire. Ces morceaux seront traduits en classe, sous la direction et, autant que cela est nécessaire, avec l'aide du professeur ; puis on demandera aux élèves de refaire la traduction chez eux ; petit à petit, on mettra davantage à contribution le travail personnel de l'élève. On fera sans cesse des exercices analytiques de construction.

A l'occasion, on déduira des exemples fournis par la lecture (que l'on fera servir à des exercices oraux et écrits) quelques règles de syntaxe élémentaire (par ex. sur les compléments de lieu et de temps, *l'ablativus instrumenti*, quelques prépositions, les conjonctions les plus usitées, comme *postquam, cum, ut, ne*), et quelques règles sur l'ordre des mots dans la phrase latine.

Toutes les semaines on fera faire en classe un travail écrit d'une demi-heure qui sera corrigé par le professeur ; ce travail se rattachera aux textes lus et sera copié au net, si cela semble nécessaire ; dans le deuxième semestre, les élèves remplaceront les compositions faites en classe par des devoirs faits à la maison (thèmes latins qu'on aura préparés en classe).

CLASSE DE V^e : *8 heures par semaine.*

Revision de la morphologie régulière, les déponents, les règles essentielles de la morphologie irrégulière. Acquisition d'un vocabulaire approprié comme en VIe.

Emploi du recueil de lectures et d'exercices comme en VIe. On y trouve beaucoup de morceaux continus à l'usage des élèves de ce degré. Exercices continuels de construction.

Exercices sur l'emploi de l'*accusativus cum infinitivo*, du *participium coniunctum*, de l'*ablativus absolutus*. A l'occasion, on déduira de la lecture de nouvelles règles syntaxiques (par ex. sur les noms de villes, sur l'accusatif double, sur le parfait historique).

Une fois par semaine un travail de classe d'une demi-heure ou remise d'un devoir, comme en VIe.

CLASSE DE IVe : *8 heures par semaine.*

On consacrera *4 heures à la grammaire* et *4 heures à la lecture.*

La lecture comprendra des biographies de héros grecs et romains d'après Cornelius Nepos ou d'après un choix de lectures approprié. Aussi longtemps que cela sera nécessaire, la préparation se fera en classe ; on habituera de plus en plus les élèves au travail personnel ;

de temps à autre, on fera des exercices de traduction à première vue.

On ne cessera pas de faire des exercices de construction (en appliquant surtout les règles de l'*accusativus cum infinitivo* et les constructions avec les participes), et on apprendra aux élèves à bien saisir la subordination et les rapports des incidentes.

On fera apprendre au courant de la lecture des locutions importantes et on enseignera à distinguer les synonymes usuels.

Revision de la morphologie, surtout des verbes dits irréguliers. Les règles essentielles sur la syntaxe des cas, nécessaires à la traduction des textes latins, ainsi que les règles particulièrement importantes sur l'emploi des temps et des modes, qu'on illustrera par des exemples typiques (tirés de la grammaire ou du livre d'exercices).

Traductions de l'allemand en latin, d'après un livre d'exercices, de morceaux qui, par les idées et le vocabulaire, se rattachent aux lectures de textes latins et qui contribuent à exercer les élèves dans l'emploi des règles grammaticales vues en classe.

Toutes les semaines une courte traduction écrite de l'allemand en latin, se rattachant aux morceaux lus ; les élèves feront ces exercices tantôt en classe tantôt chez eux. Une fois par trimestre, ce thème sera remplacé par une version faite en classe.

CLASSE DE IIIᵉ B : *8 heures par semaine.*
4 heures de grammaire et 4 heures de lecture.
Lecture : Bellum Gallicum de J. César (livres I-IV).

Instructions pour la préparation et exercices analytiques de construction. Revision des morceaux traduits et, de temps à autre, traductions à vue. Locutions et synonymes, comme en IVᵉ. Si les circonstances s'y prêtent, on peut commencer à lire Ovide dans le deuxième semestre (voir IIIᵉ A).

Grammaire : On répétera et on complétera la syntaxe des cas et on étudiera les principales règles sur les temps et les modes.

Traductions en latin d'après un livre d'exercices qui se rattache principalement, par les idées et par le vocabulaire, au *Bellum Gallicum* et qui fournit des exemples pour l'application des règles grammaticales vues en classe.

Toutes les semaines un thème latin fait tantôt en classe, tantôt à la maison ; une fois par trimestre, on remplacera ces devoirs par une version faite en classe.

CLASSE DE IIIᵉ A : *8 heures par semaine.*
4 heures de lecture et 4 heures de grammaire.
Lecture : Bellum Gallicum (livres V-VII) ; dans le second semestre,

— 23 —

on lira à la place quelques chapitres choisis du *Bellum Civile* (par
ex. livre I, chap. 37 et suiv. ; livre II, chap. 23 et suiv. ; livre III,
chap. 41 et suiv.) et une sélection systématique des «Métamorphoses » d'Ovide. Le reste comme en IIIe B.

L'introduction à la lecture des œuvres poétiques se fera par des
instructions pour la préparation, aussi longtemps que cela sera nécessaire, par des explications et par des exercices sur l'hexamètre
dactylique, par des indications sur la prosodie, enfin par la récitation de quelques passages d'Ovide.

Grammaire : On revisera et on complètera les règles sur l'emploi
des temps et des modes. On se servira du recueil d'exercices. Devoirs
écrits comme en IIIe B.

CLASSE DE IIe B : *7 heures par semaine.*

Lecture : 4 heures par semaine : Les plaidoyers les moins difficul-
tueux de Cicéron (par ex. *pro Sex. Roscio, in Catilinam, de imperio
Cn. Pompeii) ;* choix de la première décade de Tite-Live (surtout I
et II) ; Ovide, que l'on pourra remplacer pendant le second semestre
par l'«Énéide» de Virgile (voir IIe A). De temps à autre des traductions à première vue, même de César.

L'instruction pour la préparation à la lecture des poètes sera don-
née comme en IIIe A. On fera apprendre par cœur des passages d'Ovide
et de Virgile. A l'occasion on fera apprendre des locutions importantes et des règles de style, et on déduira de la lecture des distinctions synonymiques.

Grammaire : 3 heures par semaine. Revision des règles sur l'emploi des cas, des temps et des modes ; on terminera l'étude des principales règles de la syntaxe du verbe.

Les traductions d'allemand en latin se feront d'après un recueil
d'exercices sur les règles grammaticales qui font l'objet de l'enseignement dans les classes moyennes.

Les élèves traduiront chaque semaine, tantôt en classe tantôt chez
eux, un morceau d'allemand en latin ; une fois par trimestre, ces
thèmes seront remplacés par une version faite en classe.

CLASSE DE IIe A : *7 heures par semaine.*

Lecture : 5 heures. Sélection de la troisième décade de Tite-Live :
plaidoyers de Cicéron, (par ex. *pro Archia, pro Ligario, pro rege
Deiotaro, in Cæcilium),* ainsi que le *Cato maior ;* sélection de Sal-
luste ; choix de morceaux de l' «Énéide » de Virgile, formant des tableaux complets et pouvant donner une vue d'ensemble sur l'ouvrage

entier. On fera, de temps à autre, traduire à première vue, et on fera apprendre par cœur des passages de Virgile.

Grammaire : 2 heures. En repassant la grammaire on étudiera plus à fond les règles les plus importantes et les plus difficiles de la syntaxe ; considérations générales sur les particularités de style les plus saillantes.

Traductions d'allemand en latin d'après un recueil d'exercices portant exclusivement sur les points les plus importants de la stylistique ; on résumera et on complètera les locutions apprises et les synonymes expliqués.

Chaque quinzaine, au moins, on fera faire un thème latin, soit en classe, soit à la maison ; une fois par trimestre, on remplacera ces devoirs par une version faite en classe.

Classe de Iʳᵉ B et A : *7 heures par semaine dans chaque classe.*

Lecture : 5 heures. Plaidoyers de Cicéron (par ex. *in Verrem* IV ou V, *pro Plancio, pro Sestio, pro Murena*, en sautant des passages, sauf dans le dernier) ; sélection des écrits philosophiques et rhétoriques de Cicéron et même de ses lettres ; la *Germania* de Tacite (au moins jusqu'au chap. 27), l'*Agricola* ou des parties du *Dialogus*, des morceaux choisis des *Annales* (surtout ceux qui ont trait à la Germanie) et des *Historiæ ;* poésies choisies d'Horace, dont quelques odes devront être apprises par cœur. De temps à autre, on fera traduire à première vue. On recommandera et on guidera les lectures privées, notamment d'auteurs qui auront été lus dans les classes antérieures, mais on ne pourra y obliger les élèves.

Grammaire : 2 heures, comme en IIᵉ A.

Traductions d'allemand en latin, travaux écrits faits en classe ou à la maison, comme en IIᵉ A.

B. — Gymnases réaux.

a) But général de l'enseignement.

Intelligence d'ouvrages faciles de la littérature romaine, acquise à l'aide d'un entraînement sérieux et de connaissances sûres en grammaire.

b) Sujets de l'enseignement.

Classe de VIᵉ : *8 heures par semaine.*
Comme dans les gymnases classiques.
Classe de Vᵉ : *8 heures par semaine.*

Comme dans les gymnases classiques.

CLASSE DE IVe : *7 heures par semaine.*

4 heures de lecture, 3 heures de grammaire.

Comme dans les gymnases classiques, mais avec moins de thèmes.

CLASSE DE IIIe B : *5 heures par semaine.*

Lecture : 3 heures. Un recueil de lectures appropriées ou le *Bellum Gallicum* de César. Instructions pour la préparation. Répétition des morceaux traduits. Exercices continuels de construction.

Grammaire : 2 heures. Revision de la morphologie, et, en les complétant, des règles sur la syntaxe des cas. On déduira de la lecture quelques règles sur la syntaxe des temps et des modes.

Les traductions orales et écrites se feront d'après un recueil d'exercices dont le vocabulaire soit emprunté aux morceaux de lecture.

Tous les quinze jours on fera faire, en classe ou à la maison, une courte traduction d'allemand en latin. Une fois par trimestre une version faite en classe remplacera le thème.

CLASSE DE IIIe A : *5 heures par semaine.*

Lecture : 3 heures. Le *Bellum Gallicum* de César. Le reste comme en IIIe B.

Grammaire : 2 heures. Revision de la morphologie. Les règles essentielles de la syntaxe des temps et des modes. Le reste comme en IIIe B.

CLASSE DE IIe B : *4 heures par semaine.*

Lecture : 2 heures. Le *Bellum Gallicum* de César ou des chapitres choisis du *Bellum Civile* (voir la IIIe A des gymnases classiques); sélection systématique des « Métamorphoses » d'Ovide. Le reste comme en IIIe B.

Introduction à la lecture des poètes par l'explication et par des exercices sur l'hexamètre dactylique, par des indications sur la prosodie, et par la récitation de passages d'Ovide appris par cœur.

Grammaire : 2 heures. Revision de la syntaxe des cas, et, en les complétant, des règles sur la syntaxe des temps et des modes.

Recueil d'exercices et devoirs écrits comme en IIIe B.

CLASSE DE IIe A : *4 heures par semaine.*

Lecture : 3 heures, comme en IIe B; si les circonstances s'y prêtent, on pourra lire aussi des chapitres choisis de Quinte-Curce ou de Tite-Live ou un plaidoyer de Cicéron.

Grammaire : 1 heure, comme en IIe B; on n'emploiera pas de livre d'exercices. Tous les quinze jours, on fera faire en classe une traduction écrite du latin en allemand.

Classe de Ire B et A : *4 heures par semaine dans chacune.*

Lecture: Plaidoyers faciles de Cicéron (par ex. *pro Sex. Roscio, in Catilinam, de imperio Cn. Pompeii*), chapitres choisis de Tite-Live; quelques passages choisis de l'«Énéide» de Virgile formant des tableaux complets et permettant une vue d'ensemble sur l'ouvrage entier ; en Ire A on lira aussi quelques odes faciles d'Horace et quelques chapitres de la *Germania* de Tacite.

La *grammaire* ne sera traitée qu'autant que les besoins de la lecture l'exigeront.

Toutes les trois ou quatre semaines, une version écrite de latin en allemand.

Observations méthodologiques pour l'enseignement du latin. — En principe, les instructions pour l'enseignement du latin sont les mêmes pour les gymnases et les gymnases réaux ; il va de soi que l'on tiendra compte du fait que, dans les gymnases réaux, le but de l'enseignement est moins élevé et que les sujets en sont plus limités.

1. Grammaire, vocabulaire et exercices écrits. Étant donné le but général de l'enseignement, on visera toujours une discipline grammaticale sérieuse et l'intelligence sûre des auteurs. C'est en vue de ce but que l'on déterminera le choix des sujets de leçons et d'exercices à partir de la VIe. Ce choix devra se limiter pour toutes les classes aux choses les plus importantes, c'est-à-dire les plus usitées et les plus typiques; de cette façon, il devient nécessaire de distinguer soigneusement ce que l'élève devra acquérir à titre permanent de ce qu'on lui expliquera à l'occasion ou au courant de la lecture. Cela s'applique aussi bien au vocabulaire qu'aux règles grammaticales, à propos desquelles on a encore l'habitude de donner trop de détails.

Degré inférieur. — L'essentiel, c'est un entrainement systématique à retenir et à employer les mots et les formes d'une façon sûre et à reconnaître clairement les parties de la phrase. La méthode inductive sera appliquée ici, comme d'ailleurs dans les degrés supérieurs, en tant qu'elle se prête à aider la compréhension et à stimuler l'élève au travail personnel. Le point de départ sera la phrase. Le vocabulaire que les élèves auront à s'approprier se trouvera dans les morceaux de lecture. Si l'on juge nécessaire de se servir d'un lexique pour mieux faire apprendre et retenir les mots, on aura soin d'en choisir un qui se rattache au recueil de lectures et où les mots soient classés selon la signification et selon l'étymologie.

Autant que le temps le permettra, il faudra sans cesse reprendre les choses lues et apprises à l'aide d'exercices variés, oraux et écrits, thèmes et versions.

Il est superflu de surcharger l'enseignement d'observations trop recherchées sur la prononciation, surtout en ce qui concerne les syllabes longues par position ; mais le professeur aura soin de prévenir et de corriger, dès les classes inférieures, les prononciations défectueuses, en prononçant lui-même correctement d'abord ; de même, il attirera l'attention sur la quantité des syllabes finales.

Degré moyen. — Quand on aura obtenu, dans les classes de VIe et de V^e, la connaissance sûre des formes les plus usitées et des règles de syntaxe indispensables pour les traductions, on y rattachera, dans les classes moyennes, l'étude systématique des règles de syntaxe qui seront nécessaires par la suite. Il est important de coordonner, de temps à autre, les faits pareils ou semblables et de subordonner les faits spéciaux aux lois générales.

On élargira le vocabulaire et les exercices oraux ou écrits, toujours en rapport avec les lectures ; les exercices de traduction d'allemand en latin devront se faire d'après un recueil d'exercices dans lesquels se trouve employé le vocabulaire des auteurs en prose qu'on lira dans les classes moyennes.

Par cette union intime des différentes parties de l'enseignement et par la discipline intellectuelle qui en résulte, on aidera singulièrement à la compréhension des auteurs.

Dans les classes de IIIe et de IIe B des gymnases réaux, il est permis de consacrer temporairement le plus grand nombre d'heures, soit à la lecture, soit à la grammaire et aux exercices écrits et oraux.

Degré supérieur. — Le but à atteindre dans les classes supérieures est de faire retenir, d'affermir et d'élargir avec mesure les connaissances grammaticales. En traitant des particularités du style et de leur emploi dans les parties du discours, on s'en tiendra aux faits particulièrement typiques et incontestés ; on résumera et on complétera les locutions et les distinctions synonymiques apprises dans les classes antérieures.

Les textes des devoirs écrits que l'on fera faire en classe devront être rédigés d'ordinaire par le professeur lui-même ; ils devront être simples, mais demander un assez grand effort de pensée pour que l'élève fasse véritablement un travail personnel. Si on les rattache à des morceaux lus, on évitera avec soin que le devoir devienne un simple exercice de mémoire. Au lieu de faire faire à la maison des devoirs écrits, il vaut mieux, en général, faire, en classe, des traductions orales que l'on guidera avec beaucoup de soin ; on se servira d'un recueil de textes dont la traduction n'exige la connaissance que des règles essentielles de la grammaire et du style, et dont les sujets puissent contribuer à atteindre le but général de l'enseignement (on y fera aussi entrer des textes relatifs à l'histoire et à la civilisation grecques).

2. **Lecture.** Plus la base, formée par le vocabulaire et la grammaire, est solide, moins la lecture sera retardée par des difficultés de pure forme, et plus il sera possible de placer au premier plan l'interprétation des réalités. On ne devra donner d'explications grammaticales qu'autant qu'elles seront nécessaires pour amener l'élève à comprendre exactement et clairement le passage en discussion. L'essentiel de la lecture est la bonne traduction allemande, basée sur l'intelligence nette de la forme, la compréhension de la pensée et la familiarité avec la vie intellectuelle et la civilisation de l'antiquité classique.

Il ne faudra jamais perdre de vue, et même il y aura lieu de prolonger, en cas de besoin, l'instruction, en classe, pour la préparation d'auteurs nouveaux, plus difficiles. Cependant, dans les classes supérieures, on s'adressera plus tôt au travail personnel des élèves que dans les classes précédentes.

Partout on attachera une grande importance à la bonne traduction allemande, aussi fidèle que possible. Cette traduction sera arrêtée en classe par le travail en commun du maître et des élèves ; après chaque morceau étendu, le professeur en présentera lui-même la traduction d'ensemble. C'est le moyen le plus efficace pour prévenir l'emploi de traductions imprimées. En règle générale, les élèves devront répéter, au début de chaque leçon, la traduction du morceau lu dans la leçon précédente. Dans les classes moyennes, mais plus encore dans les classes supérieures, cette répétition de la traduction peut être restreinte et remplacée par des questions sur la forme et sur le contenu du passage lu. Les versions écrites que l'on fera faire en classe serviront à mesurer les progrès accomplis.

Lorsqu'on aura traduit certains morceaux ou un ouvrage entier, le maître et les élèves établiront de concert une vue d'ensemble sur le contenu et sur la composition. Dans les classes supérieures, le professeur fera comprendre aux élèves, en outre des idées fondamentales, la forme artistique du texte lu. Lorsqu'un auteur ou un ouvrage ne pourront être lus en entier, on veillera rigoureusement à ce que le choix soit fait d'après des vues bien déterminées, à ce qu'il en résulte autant que possible une image complète, et à ce que les liens entre les différentes parties apparaissent clairement. Partout, on cultivera la traduction à première vue.

En général, on ne conseille pas de lire, dans les classes moyennes des gymnases classiques, des auteurs en prose concurremment avec des poètes. Dans les gymnases réaux, la lecture simultanée de deux auteurs, quels qu'ils soient, est absolument inadmissible. Il n'est pas bon non plus d'y limiter la lecture aux ouvrages de Jules César dans plus de trois classes successives. Dans la classe de Ire de ces établissements on consacrera presque tout le temps à la lecture. On y apportera un soin tout particulier à la compréhension sûre des textes. Le moyen le plus efficace pour empêcher les élèves de deviner et de tâtonner consiste à les former et à les instruire très soigneusement par un enseignement lent et progressif.

Jusqu'ici on a trop peu apprécié l'importance, très réelle cependant, pour l'appui réciproque que les matières d'enseignement peuvent s'apporter entre elles, qu'il peut y avoir à établir des rapports plus intimes entre la lecture des auteurs en prose et le programme de l'enseignement historique dans chaque classe. C'est le cas non seulement pour l'allemand, mais pour les langues étrangères, et surtout pour le latin. On obtient par là des vues animées de traits vigoureux sur des périodes importantes de l'histoire ancienne et sur des personnages éminents. Les textes réunis dans les livres d'exercices devront contribuer au même résultat.

On recommande l'emploi de moyens artistiques d'enseignement par la vue, comme on en trouve abondamment dans les reproductions d'objets d'art antiques et dans d'autres représentations de la vie des anciens. Il ne faut pas, cependant, que l'emploi de ces moyens d'enseignement visuel devienne une fin en soi.

4. — GREC.

a) But général de l'enseignement.

C'est de faire connaître aux élèves quelques ouvrages littéraires, remarquables par le sujet et par la forme, au moyen d'une connaissance suffisante de la langue, et de les introduire ainsi dans le monde des idées et dans la civilisation de l'antiquité grecque.

b) Sujets de l'enseignement.

CLASSE DE IIIe B : *6 heures par semaine.*

La morphologie régulière du dialecte attique jusqu'au *verbum liquidum* inclusivement. Les règles les plus nécessaires sur les sons et sur les accents conjointement avec celles de la flexion. Quelques règles de syntaxe à propos des textes lus.

Afin d'exercer les élèves à employer les règles de la morphologie, on fera faire des thèmes oraux et, une fois par huitaine, de courts thèmes écrits, tantôt en classe, tantôt à la maison, et, autant que faire se pourra, en rapport avec les textes lus.

Lectures d'après un recueil contenant, en principe, des sujets tirés des légendes et de l'histoire de la Grèce ; les mots et les formes de ces textes doivent appartenir au grec usuel. On commencera la lecture immédiatement, et on passera sans trop tarder à des morceaux continus. Les élèves apprendront un vocabulaire approprié.

CLASSE DE IIIᵉ A : *6 heures par semaine.*

Les verbes en μι et les plus importants parmi les verbes irréguliers du dialecte attique. On fera apprendre par cœur les prépositions. On repassera, en le complétant, le programme de la IIIᵉ B. Choix des principales règles de la syntaxe, qu'on expliquera au cours de la lecture, comme en IIIᵉ B.

Traductions orales et traductions écrites, très brèves, de l'allemand en grec, comme en IIIᵉ B.

On commencera la lecture par des morceaux du recueil, puis on passera bientôt à l'« Anabase » de Xénophon. Autant que possible, on commencera déjà dans cette classe les exercices de traduction à première vue. On fera apprendre par cœur des mots comme en IIIᵉ B.

CLASSE DE IIᵉ B : *6 heures par semaine.*

Lecture : 4 heures. Passages choisis de l'« Anabase » ou des « Helléniques » de Xénophon et de l'« Odyssée » d'Homère. On peut aussi se servir, dans cette classe comme dans les suivantes, d'un recueil approprié qui permette un choix plus étendu.

La traduction d'Homère sera d'abord préparée en classe. On inculquera les particularités du dialecte épique par l'interprétation et en résumant, de temps à autre, les formes diverses qui se sont présentées au cours de la lecture. On fera apprendre par cœur des passages appropriés.

Les élèves s'exerceront à traduire des passages non préparés.

Grammaire : 2 heures. La syntaxe du nom et les règles indispensables sur les temps et les modes. Autant que cela sera nécessaire, on étudiera la syntaxe d'une manière systématique, en résumant les règles déjà vues et en les complétant d'après la grammaire ; des exemples typiques aideront à les retenir. Revision de la morphologie.

On fera une courte traduction écrite de l'allemand en grec tous les huit jours, de préférence en classe.

CLASSE DE IIe A : *6 heures par semaine.*
Lecture: 5 heures. Homère et Hérodote ; puis d'autres lectures appropriées en prose.

On ne devra pas entreprendre d'enseigner le dialecte ionien d'une façon systématique ni faire traduire Hérodote en dialecte attique. On fera apprendre par cœur des passages appropriés, comme en II^eB.

On pratiquera les traductions à première vue. Les traductions écrites, tantôt du grec en allemand, tantôt, en choisissant des morceaux courts, de l'allemand en grec, se feront alternativement tous les quinze jours, d'ordinaire en classe ; on indiquera le sens des mots et des locutions que les élèves ne connaîtraient pas.

Grammaire : Dans cette classe on terminera l'enseignement systématique de la grammaire ; on étudiera la syntaxe des temps et des modes, les règles de l'infinitif et du participe ; l'intérêt capital se portera sur les particularités typiques de la langue grecque.

CLASSES DE Ire B ET A : *6 heures par semaine dans chacune.*
Lecture : L' « Iliade » d'Homère ; Sophocle (et aussi Euripide) et Platon ; ensuite Thucydide, Démosthène et d'autres prosateurs importants par le contenu de leurs ouvrages, ainsi que quelques échantillons appropriés des poètes lyriques grecs.

Grammaire : Revision et résumés de tous les chapitres selon les besoins.

On pratiquera la traduction à vue et on fera faire des traductions écrites du grec en allemand et de l'allemand en grec.

Observations méthodologiques pour l'enseignement du grec. — 1. Grammaire, vocabulaire et exercices écrits. Le choix et le traitement des matières, à ces trois points de vue, se mesurent strictement par rapport au but que l'enseignement doit atteindre ; on éliminera les détails sans importance, notamment les questions de forme inutiles.

On ne s'arrêtera pas, dans l'enseignement grammatical, à tout ce qui a été anticipé dans l'enseignement de la grammaire latine, surtout aux définitions générales. En choisissant une grammaire, on aura soin d'en prendre une dont les principes soient analogues à ceux de la grammaire latine déjà en usage. Les travaux écrits doivent servir surtout à faire apprendre les formes et les règles ; dans les classes supérieures, ils viendront à l'appui de la lecture. Au sujet des traductions d'allemand en grec qui seront faites en classe, on observera ce qui a été dit.à propos du latin (p. 28-9) ; on n'attribuera pas aux fautes d'accent une importance décisive dans l'appréciation de ces devoirs. Si l'on juge désirable que les élèves de IIIe s'aident d'un petit lexique pour mieux retenir les mots qu'ils devront connaître, on veillera à ce que ce lexique soit en rapport avec les lectures faites ; les mots devront y être classés selon la signification et selon l'étymologie.

2. Lecture. Basé sur une discipline grammaticale sérieuse, l'enseignement doit avoir pour objet les idées et la forme artistique des ouvrages interprétés, dans chacune de leurs parties aussi bien que dans leur ensemble. En expliquant des ouvrages poétiques d'une étendue considérable, le professeur s'aidera d'une bonne traduction pour relier et compléter les morceaux lus dans le texte original. D'ordinaire on cessera de lire Xénophon en IIe B. En ce qui concerne la lecture d'Homère, on fera bien d'établir un canon qui désigne les passages des deux poèmes qu'on lira régulièrement, ceux qu'on ne lira pas et ceux parmi lesquels on pourra choisir. Les difficultés qu'éprouveront les élèves à comprendre les tragiques, notamment dans les chœurs, ne peuvent être surmontées sans l'aide très efficace du professeur ; ce secours devra remplacer le travail personnel de la préparation. On fera de même en lisant des passages difficiles des auteurs en prose, par ex. certains discours de Thucydide. En proposant à l'explication un choix de dialogues de Platon, on aura égard, en première ligne, au contenu moral, mais on aura soin de tenir compte également de l'évolution philosophique en général. Pour le reste, on s'en tiendra aux observations faites à propos de la lecture des auteurs latins (voir p. 28-29).

Le recueil de lectures choisies qu'on adoptera en IIe B et A et en Ire A et B devra permettre de faire ressortir, outre le côté esthétique, les liens qui rattachent la civilisation moderne au monde antique.

B. — FRANÇAIS.

A. — Gymnases classiques.

a) But général de l'enseignement.

Intelligence des ouvrages les plus importants de la littérature française des trois derniers siècles, et pratique suffisante de la langue écrite et parlée.

Documents manquants (pages, cahiers...)
NF Z 43-120-13

aussi de base aux récapitulations ; enfin, on rendra plus vivantes les conceptions historiques en s'aidant d'images typiques.

Dans les classes d'histoire, on habituera les élèves dans la mesure du possible à raconter eux-mêmes, d'une façon libre et continue, ce qu'ils auront appris.

8. — GÉOGRAPHIE.

Remarque préliminaire. Le but et les sujets de l'enseignement et les observations méthodologiques sont les mêmes pour les degrés correspondants des établissements secondaires de toute espèce. Il sera possible, cependant, d'étendre et d'approfondir les sujets d'enseignement dans les classes d'établissements réaux qui disposent d'une heure de plus que les gymnases classiques (IIIe B et A des gymnases réaux et des écoles réales supérieures, IIIe, IIe et Ire des écoles réales et IIe A et Ire B et A des écoles réales supérieures).

a) BUT GÉNÉRAL DE L'ENSEIGNEMENT.

Le but est d'amener les élèves à savoir regarder et comprendre la nature ambiante et les cartes géographiques, à connaître la constitution physique de la surface de la terre, la distribution locale de ses habitants, et les éléments de la géographie mathématique.

b) SUJETS DE L'ENSEIGNEMENT.

CLASSE DE VIe : *2 heures par semaine.*
Éléments de la géographie générale, exposés à l'aide de la description des environs les plus proches, et premières indications pour comprendre le globe terrestre et les cartes géographiques. Principes de la géographie politique, en commençant par la patrie et par l'Europe. L'usage d'un livre de classe est exclu.

CLASSE DE V^e : *2 heures par semaine.*
Géographie politique de l'Europe centrale, surtout de l'Empire allemand, d'après un manuel. On continuera les instructions pour l'intelligence du globe terrestre, des cartes et du relief. Premiers essais de croquis simples au tableau noir.

CLASSE DE IVe : *2 heures par semaine.*
Géographie de l'Europe, l'Empire allemand excepté. Croquis simples de cartes au tableau noir et dans des cahiers.

Classe de IIIe B : *1 heure et 2 heures par semaine.*

Géographie des autres parties du monde. Les colonies allemandes ; comparaison avec les territoires coloniaux des autres États.

Croquis de cartes comme en IVe.

Classe de IIIe A : *1 heure et 2 heures par semaine.*

Récapitulation, en la complétant, de la géographie de l'Empire allemand.

Croquis de cartes comme en IVe.

Classe de IIe B : *1 heure et 2 heures par semaine.*

Récapitulation, en la complétant, de la géographie des pays d'Europe, l'Allemagne exceptée. Éléments de géographie mathématique. Croquis de cartes comme en IVe. En outre, dans les établissements réaux, les principales routes de communication et de commerce.

Classes de IIe A, Ire B et A : *Dans les écoles réales supérieures, 1 leçon spéciale par semaine dans chacune.*

Résumés et récapitulations ; en outre, dans les *écoles réales supérieures* les éléments de la géographie physique générale et de temps à autre quelques notions d'ethnographie, dans les *gymnases classiques* et *réaux* les éléments indispensables de ces matières en des résumés d'ensemble. Démonstrations de la géographie mathématique dans les classes de mathématiques et de physique. Les notions comparatives sur les principaux chemins de communication et de commerce seront données, dans des leçons spéciales (*écoles réales supérieures*) ou dans les classes d'histoire (*gymnases classiques* et *réaux*). Dans les *gymnases classiques* et *réaux*, on consacrera au moins six heures par semestre aux récapitulations de géographie.

Observations méthodologiques pour l'enseignement de la géographie. — 1. Afin de répondre au but de cet enseignement dans les écoles secondaires, on visera, avant tout, l'utilité pratique du sujet pour les élèves, sans amoindrir pour cela l'importance de la géographie comme science naturelle. On ne préférera pas, par principe, la géographie physique à la géographie politique, mais on combinera les deux aussi étroitement que possible en les englobant dans la géographie générale.

On déterminera en conséquence le but et les sujets de l'enseignement. Partout on enseignera aux élèves à bien voir et à comprendre la nature qui les entoure, le relief et les cartes, tout en fixant dans leur mémoire les choses indispensables et soigneusement définies qu'ils doivent retenir. En fait de chiffres, on n'en devra donner, sur chaque matière, qu'un petit nombre, graduellement, et toujours des chiffres ronds et comparatifs.

2. Afin de donner aux élèves les premières notions de géographie physique et mathématique, on empruntera d'abord les exemples aux localités les plus proches ; autant que possible on fera comprendre ainsi les notions générales, mais on aura soin d'éviter tout procédé artificiel.

Lorsque, de cette façon, les notions élémentaires auront été comprises, on les illustrera à l'aide du globe terrestre et du relief ; ensuite on enseignera à l'élève à se servir des cartes, qu'il doit apprendre à lire. Les cartes murales et l'atlas formeront désormais le point de départ et le centre de l'enseignement en classe. Le manuel ne sera qu'un guide pour les récapitulations à la maison. On veillera à ce que les noms y soient donnés avec leur prononciation et leur accentuation correctes.

En étudiant chaque pays, on tiendra compte, comme il convient, de ses ressources économiques.

3. Dans les classes inférieures et moyennes, il faudra insister, autant que faire se pourra, pour que tous les élèves se servent du même atlas. Chacun des établissements décidera lui-même s'il y a lieu d'adopter un atlas général ou des atlas gradués. Dans tous les cas, les atlas trop complets sont à exclure des classes inférieures. Lorsqu'on achètera de nouvelles cartes murales, celles-ci devront être établies, autant que possible, d'après le même système que les atlas dont se servent les élèves.

4. Le dessin est très utile pour cet enseignement comme moyen de contribuer à la netteté des conceptions et de fixer dans la mémoire des connaissances géographiques précises. On se gardera d'élever trop haut les exigences. Dans la plupart des cas, il faudra se contenter de croquis, de profils et d'autres représentations sommaires au tableau noir. En général, on ne demandera pas aux élèves de faire des dessins de ce genre à la maison ; on se contentera de simples croquis, faits à main levée pendant les heures de classe d'après le modèle tracé d'abord par le maître au tableau noir. On ne fera jamais dessiner simplement d'après des feuilles-modèles. Dans les classes supérieures, on recommande le dessin, surtout pour les récapitulations périodiques.

6. Il est à désirer que l'enseignement de la géographie soit, dans toutes les écoles, confié à des professeurs spécialement qualifiés pour cet enseignement par des études sérieuses ; on évitera aussi de le répartir entre un trop grand nombre de professeurs dans le même

établissement. Dans les classes supérieures des gymnases classiques
et réaux, les récapitulations de géographie physique et politique
devront être attribuées au professeur d'histoire, celles qui concer-
nent la géographie mathématique au professeur de mathématiques
ou de physique.

Dans les classes dont le programme ne comporte qu'une seule heure
pour l'enseignement de la géographie, on aura soin de lui réserver
cette heure régulièrement et intégralement.

9. — ARITHMÉTIQUE ET MATHÉMATIQUES.

A. — Gymnases classiques.

a) But général de l'enseignement.

Sûreté et facilité du calcul avec des chiffres concrets, surtout mental, et application sûre et facile des opérations aux conditions ordinaires de la vie quotidienne. L'arithmétique jusqu'au développement
des binômes à exposants positifs entiers. L'algèbre jusqu'aux équations du second degré inclusivement. La géométrie plane et dans l'espace et la trigonométrie rectiligne. La notion des coordonnées.
Quelques éléments des sections coniques.

b) Sujets de l'enseignement.

Classe de VIe : *4 heures par semaine.*
Les quatre règles fondamentales de l'arithmétique avec chiffres
entiers, abstraits et concrets. Les poids, mesures et monnaies allemands, avec exercices d'expression en décimales et des opérations très simples sur les décimales. Préparation au calcul des
fractions.

Classe de V^e : *4 heures par semaine.*
Divisibilité des nombres. Fractions ordinaires. Exercices suivis
avec des chiffres décimaux concrets, comme en VIe. Problèmes simples
de la règle de trois (réductions par l'unité ou par une mesure commune).

Classe de IVe : *4 heures par semaine.*
Calcul : Calcul avec fractions décimales. Règle de trois simple
et composée avec des nombres entiers et des fractions; problèmes

de la vie quotidienne, surtout les cas les plus simples du calcul de pourcentage, d'intérêt simple et d'escompte.

Géométrie plane : Enseignement propédeutique de la géométrie par la vue. Emploi du compas et de la règle. Théorèmes relatifs à la ligne droite, aux angles et aux triangles.

CLASSE DE IIIᵉ B : *3 heures par semaine* (1).

Arithmétique: Les règles fondamentales du calcul avec des chiffres abstraits et introduction des valeurs positives et négatives limitée au strict nécessaire. Équations du premier degré à une inconnue.

Géométrie plane : Suite des théorèmes sur les triangles. Les théorèmes des parallélogrammes, des cordes et des angles de circonférence. Exercices de constructions.

CLASSE DE IIIᵉ A : *3 heures par semaine.*

Arithmétique : Récapitulation des opérations sur les fractions avec application aux expressions littérales. On complètera ce qui a été appris en IIIᵉ B. Les théorèmes les plus simples sur les proportions. Équations du premier degré à une et à plusieurs inconnues. Puissances à exposants positifs et entiers.

Géométrie plane : Récapitulation et suite des théorèmes relatifs au cercle. Théorèmes sur l'égalité des aires des figures (théorème de Pythagore). Calcul des aires des figures régulières. Problèmes de constructions.

CLASSE DE IIᵉ B : *4 heures par semaine.*

Arithmétique: Les théorèmes relatifs aux puissances, aux racines et aux logarithmes. Opérations sur les logarithmes (de cinq ou de quatre décimales). Équations simples du second degré à une inconnue.

Géométrie plane : Théorèmes relatifs aux figures semblables, à la proportionnalité des droites au cercle, aux polygones d'un nombre double de côtés. Polygones réguliers. Circonférence et aire du cercle. Problèmes de constructions.

CLASSE DE IIᵉ A : *4 heures par semaine.*

Arithmétique : Équations, surtout du second degré, à plusieurs inconnues.

Géométrie plane : Quelques théorèmes sur les points et les fais-

---

(1) Dans les établissements où l'enseignement du grec peut être remplacé par un autre, une heure par semaine doit être consacrée, en IIIᵉ B et A, au calcul commercial, au calcul élémentaire des volumes et aux éléments indispensables des racines; en IIᵉ B, aux principes de la trigonométrie.

ceaux harmoniques et sur les transversales. Application de l'algèbre à la géométrie. Problèmes de constructions, surtout ceux qui exigent l'emploi de l'analyse algébrique.

Trigonométrie : Goniométrie ; calcul simple du triangle.

CLASSE DE Iʳᵉ B ET A : *4 heures par semaine dans chacune.*

Arithmétique: Progressions arithmétiques du premier ordre et progressions géométriques; opérations sur les intérêts composés et les rentes. Éléments de la théorie des combinaisons et de leur application immédiate au calcul des probabilités. Théorie des binômes à exposants positifs entiers. Récapitulation systématique de tout le programme d'arithmétique (extension de la conception du nombre par les opérations algébriques, depuis le nombre entier simple jusqu'aux nombres complexes). Équations simples et d'un degré supérieur qui peuvent se réduire au second.

Suite des exercices de *trigonométrie* et des problèmes de *constructions géométriques planes.*

Stéréométrie appliquée à la géographie et à la cosmographie mathématiques. Instructions pour le dessin des corps en perspective.

La *notion des coordonnées.* Quelques éléments des *sections coniques.*

Explications complémentaires, résumés et exercices sur toutes les branches étudiées dans les classes précédentes.

B. — Gymnases réaux et Écoles réales supérieures.

a) BUT GÉNÉRAL DE L'ENSEIGNEMENT.

Sûreté et facilité à opérer avec des nombres concrets, surtout de tête, et application sûre et facile aux calculs usuels de la vie quotidienne. — L'arithmétique jusqu'au développement du théorème des binômes à exposant quelconque et des progressions simples et infinies. L'algèbre jusqu'aux équations du troisième degré inclusivement. La géométrie plane, y compris les théorèmes des points et des faisceaux harmoniques, des cordes, des points et axes symétriques ; géométrie dans l'espace et éléments de la géométrie descriptive. Trigonométrie rectiligne et sphérique. Problèmes élémentaires des maxima et des minima. Géométrie analytique des surfaces.

Dans les écoles réales supérieures, l'étude des séries les plus importantes de l'analyse algébrique est en outre obligatoire. On y peut élargir, selon les circonstances, le programme d'Arithmétique, en ajoutant des notions générales sur les équations et sur les méthodes pour la solution approximative d'équations numériques, algébriques et transcendantes, ou bien le programme de Géométrie, en poussant plus loin la géométrie descriptive, synthétique et analytique.

b) Sujets de l'enseignement.

Classe de VIe : *4 et 5 heures par semaine.*
Comme dans les gymnases classiques.

Classe de V[e] : *4 et 5 heures par semaine.*
Comme dans les gymnases classiques. De plus, dans les écoles réales supérieures, enseignement propédeutique de la géométrie par la méthode visuelle. Emploi du compas et de la règle.

Classe de IVe : *4 et 5 heures par semaine.*
Comme dans les gymnases classiques. De plus, dans les écoles réales supérieures, les éléments de l'algèbre et les théorèmes relatifs aux parallélogrammes.

Classe de IIIe B : *5 et 6 heures par semaine.*
Arithmétique : Les quatre opérations fondamentales sur des nombres abstraits; emploi des nombres positifs et négatifs. Théorèmes des proportions. Équations du premier degré à une inconnue. Calculs de la vie quotidienne et calcul dit commercial.
Géométrie plane : Théorèmes des parallélogrammes (que l'on récapitulera, en les complétant, dans les écoles réales supérieures). Théorèmes du cercle. Théorèmes sur l'égalité des aires des figures (théorème de Pythagore). Calcul de l'aire des figures rectilignes. Problèmes de constructions.

Classe de IIIe A : *5 heures par semaine.*
Arithmétique : Puissances et racines. Équations du premier degré à une et à plusieurs inconnues. Équations du second degré à une inconnue.
Géométrie plane : La similitude. Les lignes proportionnelles dans le cercle; les polygones d'un nombre double de côtés. Les polygones réguliers, la circonférence et l'aire du cercle. Problèmes de constructions.

Classe de IIe B : *5 heures par semaine.*
Arithmétique : Les logarithmes. Opérations sur les logarithmes (à

quatre ou à cinq décimales.) Équations du second degré. Récapitulation des sujets traités dans les classes antérieures.

Géométrie plane : Application de l'algèbre à la géométrie. Problèmes de constructions, surtout à l'aide de l'analyse algébrique. Récapitulation du domaine entier de la géométrie plane.

Trigonométrie : Éléments de la goniométrie. Calcul simple du triangle.

Stéréométrie : Instructions pour le dessin des corps en perspective. Les corps simples et calcul de longueurs d'arêtes, de surfaces et de volumes.

CLASSE DE IIe A : *5 heures par semaine.*

Arithmétique : Progressions arithmétiques du premier degré et progressions géométriques, opérations sur les intérêts composés et les rentes. Les nombres imaginaires et complexes. Équations réciproques, binômes et équations difficiles du second degré.

Géométrie plane : Théorèmes sur les points et les faisceaux harmoniques, les cordes, les points et axes de symétrie. Problèmes de constructions.

Trigonométrie : Étude complémentaire et suite de la mesure des angles ; calculs difficiles sur les triangles.

Stéréométrie : Démonstration systématique, étude complémentaire et applications.

CLASSES DE Ire B et A : *5 heures par semaine dans chacune.*

Arithmétique : Théorie des combinaisons appliquées au calcul des probabilités. Théorème des binômes à exposants quelconques et les séries infinies les plus simples. Récapitulation systématique de toute l'arithmétique (extension de la conception du nombre par les opérations algébriques depuis les nombres entiers positifs jusqu'aux nombres complexes). Équations du troisième degré. Problèmes élémentaires sur les maxima et les minima.

Trigonométrie sphérique : Théorèmes et applications à la géographie et à la cosmographie mathématiques.

Géométrie : Principes de la géométrie descriptive. Étude élémentaire et synthétique des principaux théorèmes sur les sections coniques. Géométrie analytique plane.

Compléments, résumés et exercices sur toutes les parties vues dans les classes antérieures.

Dans les écoles réales supérieures on ajoutera les sujets indiqués plus haut, au § «But général de l'enseignement», comme obligatoires ou facultatifs.

C. — Écoles réales.

a) BUT GÉNÉRAL DE L'ENSEIGNEMENT.

Sûreté et facilité dans les opérations sur des nombres concrets, surtout de tête, et dans l'application aux besoins de la vie quotidienne. L'arithmétique jusqu'aux logarithmes. L'algèbre jusqu'aux équations faciles du second degré. Les principes de la géométrie plane et de la géométrie dans l'espace. La mesure des figures et des volumes. Les éléments de la trigonométrie rectiligne.

b) SUJETS DE L'ENSEIGNEMENT.

Comme dans les classes des écoles réales supérieures ou des gymnases réaux depuis la classe de VI⁴ jusqu'à la II⁴ B. (Plan d'études D¹.)

Observations méthodologiques pour l'enseignement de l'arithmétique et des mathématiques. — 1. Le devoir le plus important de l'enseignement des mathématiques dans les écoles secondaires consiste en une discipline de l'esprit qui mette les élèves à même d'appliquer correctement et par un travail personnel les vues et les connaissances acquises. Par conséquent, on visera, dans toutes les parties de cette matière, à développer l'intelligence claire des théorèmes et de leur déduction en même temps que la facilité à les appliquer. Ensuite, les mathématiques contribueront, comme tout autre enseignement, à faire apprendre la langue maternelle, point de vue qui a son importance surtout dans la correction des devoirs écrits, notamment des devoirs personnels faits à la maison, tels qu'on en exigera dans les classes supérieures, d'ordinaire une fois par mois, à côté des exercices réguliers faits en classe.

2. L'enseignement du calcul doit viser la sûreté et la facilité dans les opérations sur des nombres concrets. Afin de le mettre d'accord avec l'enseignement de l'arithmétique dans les classes suivantes et de le rendre propre à préparer et à seconder celui-ci, il faudra entreprendre la récapitulation des quatre règles fondamentales en VI⁴ aussi bien que les opérations sur les fractions sous une forme mathématique, de façon à faire pratiquer constamment l'emploi des parenthèses et des signes. D'autre part, on ne négligera pas, dès le premier degré, l'application à la vie pratique, surtout en ce qui concerne le calcul mental. On fera connaître les monnaies et les poids et mesures allemands en les montrant aux élèves. De même,

la nature des fractions doit être rendue compréhensible par des moyens visuels ; on n'oubliera pas, en les expliquant, que les élèves devront apprendre à opérer sur les fractions comme sur les nombres concrets. Les exercices de calcul mental avec de petits nombres précèdent, à tous les degrés, les problèmes écrits sur des nombres plus considérables et conduisent à l'intelligence de ceux-ci. Autant que possible on évitera des opérations trop compliquées. On exclura de même des opérations dites de la vie quotidienne tous les problèmes sur des faits et coutumes de la pratique purement commerciale que les élèves ne comprennent pas. L'enseignement du calcul proprement dit prend fin dans les gymnases classiques en IVe, dans les établissements réaux en IIIe B ; mais on tâchera de conserver la facilité du calcul par des exercices continuels dans les classes suivantes.

3. L'enseignement de la géométrie commence par une instruction préparatoire, qui forme les facultés de représentation en débutant par les figures simples et qui fournit en même temps l'occasion d'exercer les élèves à l'emploi du compas et de la règle.

4. Dans les gymnases classiques où il a paru indiqué, pour plusieurs raisons, de maintenir trois heures en IIIe B et A, on aura soin de faire un choix systématique des sujets d'enseignement en excluant tout ce qui n'est pas absolument nécessaire. Mais il est bon, même dans les établissements réaux, de ne faire retenir aux élèves, par ex. dans la géométrie plane, que les théorèmes indispensables à l'ensemble systématique et de traiter tout le reste comme matière à exercices, autant que possible sous forme de problèmes. En arithmétique, il sera possible de passer sur bien des parties que les élèves n'auront que rarement l'occasion d'appliquer dans les classes suivantes, par ex. sur la division d'un polynôme complexe par un autre ou sur les racines carrées et cubiques des grands polynômes algébriques, etc.

5. Dans tous les établissements on s'exercera, dès la classe de IIIe, aux constructions géométriques ; on devra les continuer jusque dans la dernière classe, concurremment avec les sujets qu'on y étudiera. Mais on devra exclure rigoureusement tous les problèmes dont la solution exige des théorèmes peu connus ou des artifices spéciaux. Là encore, le maître devra éveiller chez l'élève le sentiment du travail personnel et faire valoir la force éducative de ces exercices par le choix raisonné des problèmes ; ceux-ci devront être de nature à être résolus d'après des méthodes d'un emploi courant ou d'après des théorèmes appris en classe ; l'énoncé contiendra des indications claires et précises.

6. En supprimant, dans la classe de IIe B des gymnases classiques, le cours préparatoire de trigonométrie et de stéréométrie, on n'a pas voulu dire que l'enseignement de ces matières dans une classe ultérieure ne devra pas revêtir au début un caractère propédeutique. La trigonométrie devra être traitée d'abord d'une façon représentative, c'est-à-dire géométrique, et pour arriver le plus vite possible au calcul des triangles, on commencera par faire apprendre seulement les formules absolument indispensables. De même on commencera, en stéréométrie, par les solides simples, par exemple le cube et le prisme, et on ne suivra que plus tard une méthode plus rigoureusement systématique. Dans les cours préparatoires de trigonométrie et de stéréométrie, prévus pour les établissements réaux, on suivra exclusivement et d'un bout à l'autre de l'enseignement cette méthode propédeutique. Les modèles, les tableaux mathématiques, etc., y seront, comme d'ailleurs dans les classes antérieures, d'un grand secours pour rendre l'enseignement concret et pour l'approfondir.

7. On décidera, selon les circonstances particulières de chaque établissement à un moment donné, si l'on y devra étudier simultanément ou successivement les différents sujets prescrits. Dans les établissements réaux, il y aura lieu de détailler les sujets d'enseignement tantôt plus, tantôt moins, selon la qualité des élèves de l'année; dans les écoles réales supérieures, on poussera toujours plus loin que dans les gymnases réaux. Il ne semble pas possible, pour le moment, de définir d'une façon plus précise les sujets inscrits dans le programme comme facultatifs. Il n'est pas dit non plus qu'il soit absolument nécessaire de les traiter avec beaucoup de détails. D'autre part, on ne saurait déconseiller d'en faire l'objet d'un enseignement sérieux. L'expérience permettra plus tard de déterminer plus exactement jusqu'à quel point on devra pousser ces sujets.

8. Pour la classe supérieure des gymnases classiques, on a prévu l'initiation des élèves à l'importante notion des coordonnées et un précis aussi simple que possible des particularités fondamentales des sections coniques; celui-ci peut aussi être fait d'une façon synthétique. Mais on ne vise pas un enseignement systématique ni de la géométrie analytique ni de la géométrie dite moderne. Les formules nécessaires à l'intelligence de la cosmographie ne demandent pas davantage une étude détaillée de la trigonométrie sphérique. On peut les déduire d'une façon simple en étudiant les angles trièdres. Dans tous les cas, on aura soin, ici comme partout ailleurs, de viser en même temps que la sûreté des connaissances la facilité à les appliquer, et de se guider sur ce principe pour choisir et étendre les sujets d'enseignement.

9. Par des exercices continus de représentations et de constructions géométriques, on réussira à remédier à l'inconvénient qu'il y aurait à donner un caractère trop arithmétique à l'enseignement des classes supérieures. On préparera et on favorisera surtout dans l'enseignement de la stéréométrie l'intelligence des projections, tout à fait en dehors des exercices de géométrie descriptive.

10. Dans la classe supérieure, on s'efforcera de récapituler l'ensemble des matières étudiées, tout en continuant à faire faire des problèmes de toute espèce. On y trouvera l'occasion de bien faire comprendre aux élèves l'idée des fonctions dont ils ont déjà eu connaissance dans les classes antérieures.

11. La situation indépendante qui est faite aux mathématiques dans les écoles secondaires, n'exclut pas que l'on en fasse profiter l'enseignement, surtout dans les classes du degré supérieur, en démontrant leur application dans d'autres domaines, soit de la vie quotidienne, soit surtout des sciences physiques, et en exerçant le sens mathématique des élèves par l'application pratique à de telles matières. Il sera permis ainsi d'utiliser, surtout à cet égard, les parties de la physique qui peuvent servir à des problèmes, et de faire faire des exercices de cette nature non seulement dans les classes de physique, mais aussi dans celles de mathématiques. Il est vrai que dans les gymnases classiques ces exercices ne pourront devenir profitables, à cause du nombre restreint des leçons, que si, dans les classes supérieures, l'enseignement des mathématiques et de la physique se trouve, autant que cela pourra se faire, réuni dans la main du même maître ; aussi une telle combinaison est-elle déjà indiquée dans le plan d'études par les accolades en regard des nombres d'heures assignés à ces deux sujets. Cette nécessité ne se fait pas autant sentir dans les établissements réaux, où le nombre d'heures à consacrer à chacune de ces matières est plus considérable.

12. L'expérience a montré que les difficultés qu'éprouvent souvent les élèves des classes supérieures en mathématiques proviennent presque exclusivement de lacunes dans les premiers éléments ; par conséquent, on mettra tout le temps et le soin nécessaires à bien établir ces premiers éléments dans l'enseignement du début. Il est bon, pour cela, de préciser dans chaque établissement, surtout dans les classes inférieures et moyennes, ce qu'il est indispensable de fixer dans la mémoire, et de consolider ces connaissances par d'incessantes revisions dans les classes suivantes. La sévérité consciencieuse dans la promotion des élèves d'une classe à l'autre demeure, même dans ce cas, un devoir rigoureux vis-à-vis des élèves.

10. — SCIENCES NATURELLES.

A. — Gymnases classiques.

a) BUT GÉNÉRAL DE L'ENSEIGNEMENT.

Botanique : Connaissance des familles les plus importantes du système naturel et des phénomènes biologiques de leurs représentants, ainsi que des maladies les plus fréquentes chez les plantes et de leurs agents. Les notions indispensables de morphologie, d'anatomie et de physiologie végétales.

Zoologie : Connaissance des ordres les plus importants des classes de vertébrés et de quelques types des autres classes du règne animal. Connaissance de l'anatomie du corps humain et des plus importants préceptes d'hygiène.

Minéralogie : Connaissance des formes cristallines les plus simples et de quelques minéraux particulièrement importants.

Physique : Connaissance des phénomènes et des lois les plus importants dans les diverses branches de la physique et des éléments de la géographie et de la cosmographie mathématiques.

Chimie : Connaissance des phénomènes chimiques les plus simples.

b) SUJETS DE L'ENSEIGNEMENT.

CLASSE DE VIe: *2 heures par semaine.*
Description de phanérogames d'après des exemplaires présentés et explication des formes et parties des racines, des tiges, des feuilles, des fleurs, des inflorescences faciles à reconnaître et des fruits.

Description de mammifères et d'oiseaux importants, au moyen des signes extérieurs et des particularités caractéristiques du squelette (d'après des exemplaires présentés et des tableaux) ; indications sur leurs mœurs, leur utilité ou leur nocuité.

Exercices de dessin schématique des choses observées, comme dans les classes suivantes.

CLASSE DE V^e: *2 heures par semaine.*
Explication détaillée des organes extérieurs des phanérogames ; description d'exemplaires présentés et comparaison avec des formes semblables.

Description de vertébrés importants (d'après des exemplaires présentés et des tableaux) et indications sur leurs mœurs, leur utilité ou leur nocuité. Premières notions sur le squelette de l'homme.

Classe de IVe : *2 heures par semaine.*

Description et comparaison de plantes dont les fleurs sont d'une structure plus difficile à reconnaître. Aperçu général sur le système naturel des phanérogames.

Les annelés, en particulier les insectes.

Classe de IIIe B : *2 heures par semaine.*

Description et comparaison de quelques conifères et plantes à spores ; explications sur les plus importantes parmi les plantes exotiques utiles. On y rattachera un aperçu d'ensemble sur le système naturel, les notions indispensables sur l'anatomie et la physiologie végétales, et quelques indications sur les maladies des plantes et sur leurs agents.

Animaux inférieurs et aperçu général sur le règne animal.

Classe de IIIe A : *2 heures par semaine.*
Anatomie du corps humain. Notions d'hygiène.
Cours préparatoire de physique I : Phénomènes les plus simples de la mécanique des corps solides, liquides et gazeux et de la théorie de la chaleur, démontrés par des expériences.

Classe de IIe B : *2 heures par semaine.*

Cours préparatoire de physique II : Éléments de la chimie et description de quelques minéraux importants. Les phénomènes les plus simples du magnétisme et de l'électricité, démontrés par des expériences.

Dans les établissements où l'enseignement du grec peut être remplacé, ou dans ceux qui perdent régulièrement un nombre considérable d'élèves après la IIe B, on ajoutera (dans les établissements de la première catégorie en remplacement du grec) l'explication des phénomènes simples de l'acoustique et de l'optique.

Classe de IIe A : *2 heures par semaine.*
La théorie de la chaleur et ses applications à la météorologie. Magnétisme et électricité, surtout le courant électrique.

Classe de Ire B et A : *2 heures par semaine dans chacune.*
La mécanique et ses applications à la théorie de la chaleur (équivalent mécanique de la chaleur) ; géographie et cosmographie mathématiques.
Théorie des ondulations, acoustique et optique.
Récapitulation de toutes les matières, avec des additions.

B. — Gymnases réaux et Écoles réales supérieures.

a) But général de l'enseignement.

Botanique : Connaissance du système naturel, surtout des familles les plus importantes de phanérogames indigènes, de quelques plantes à spores, des principales plantes exotiques utiles et de leur distribution géographique ; des phénomènes biologiques des plantes étudiées ; des maladies les plus fréquentes des plantes et des agents qui les causent. Notions indispensables de morphologie, d'anatomie et de physiologie végétales.

Zoologie : Connaissance du système des vertébrés et des invertébrés ; des mœurs et de la distribution géographique des principaux animaux ; de l'anatomie du corps humain et des principales règles de l'hygiène.

Minéralogie : Connaissance des plus importantes formes cristallines, des propriétés physiques, de la composition chimique et de la valeur géologique et technique des principaux minéraux.

Physique : Connaissance sûre des principaux phénomènes et des principales lois des différentes branches de la physique ; connaissance de l'expression mathématique des lois capitales et des plus importantes théories de la géographie et de la cosmographie mathématiques.

Chimie : Connaissance des principaux corps simples et de leurs principales combinaisons, surtout inorganiques, ainsi que des lois fondamentales de la chimie. En outre, dans les écoles réales supérieures, enseignement plus détaillé de la chimie organique.

b) Sujets de l'enseignement.

Classe de VIe : *2 heures par semaine.*
Comme dans les gymnases classiques.

Classe de V^e : *2 heures par semaine.*
Comme dans les gymnases classiques.

Classe de IVe : *2 heures par semaine.*
Description comparative d'espèces et de familles apparentées de phanérogames d'après des types présentés. Indication du système de Linné. Premiers exercices de classification.
Récapitulation et étude complémentaire des sujets de zoologie traités dans les classes antérieures, surtout du système des vertébrés.

Classe de IIIe B : *2 heures par semaine.*

Description et comparaison de phanérogames compliqués et de quelques plantes à spores. On y rattachera l'étude plus étendue et plus approfondie des notions de morphologie et de biologie. Les plus importantes familles de phanérogames. Aperçu général sur le système naturel. Exercices de classification.

Les annelés, surtout les insectes, et leur classification.

Classe de IIIe A : *2 et 4 heures par semaine.*

Récapitulation d'ensemble des sujets d'histoire naturelle traités jusque-là. Animaux inférieurs. Coup d'œil général sur le règne animal.

Cours préparatoire de physique I : Les phénomènes les plus simples de la mécanique des corps solides, liquides et gazeux et théorie de la chaleur, démontrés par des expériences.

Dans les écoles réales supérieures on ajoutera des détails complémentaires sur la botanique et la zoologie au point de vue de la morphologie, de la biologie et de la classification, ainsi que de la distribution géographique des plantes (surtout des plantes utiles, indigènes et exotiques) et des animaux. On continuera les exercices de classification botanique.

Classe de IIe B : *4 et 6 heures par semaine.*

Les notions les plus nécessaires de l'anatomie et de la physiologie des plantes ; quelques notions sur leurs maladies et sur les agents qui les causent.

Anatomie et physiologie de l'homme. Notions d'hygiène.

Cours préparatoire de physique II : Les phénomènes les plus simples du magnétisme et de l'électricité, de l'acoustique et de l'optique, démontrés par des expériences.

Cours préparatoire de chimie et de minéralogie, rattaché, dans les gymnases réaux, à l'histoire naturelle ou à la physique, et professé sous forme de leçons spéciales dans les écoles réales supérieures.

Classe de IIe A : *5 et 6 heures par semaine.*

Physique : Théorie de la chaleur (sauf le rayonnement). Magnétisme et électricité, surtout le courant électrique.

Chimie : Introduction méthodique à la chimie. Principes de la théorie atomique. Explication de la nomenclature chimique.

Classes de Ire B et A : *5 et 6 heures par semaine dans chacune.*

Physique : Mécanique appliquée à la théorie de la chaleur (équivalent mécanique de la chaleur) et à la cosmographie et à la géographie mathématiques. Théorie des ondulations, acoustique et optique. Rayons caloriques et électriques. Récapitulation de toutes les parties de la physique, avec des additions.

Chimie : Étude systématique des principaux corps simples et de leurs combinaisons les plus remarquables, même quelques combinaisons organiques. Étude amplifiée des parties théoriques. Calculs stœchiométriques. Éléments de minéralogie et de cristallographie. Travaux de laboratoire élémentaires. Dans les écoles réales supérieures on étudiera, en outre, quelques chapitres de la chimie organique.

C. — Écoles réales.

a) But général de l'enseignement.

Histoire naturelle : Faculté d'observer et de décrire une plante, connaissance des familles les plus importantes et des principaux phénomènes de la vie des plantes.

Faculté d'observer et de décrire des représentants de chacune des classes du règne animal : connaissance des classes importantes de vertébrés et d'insectes.

Notions sur l'anatomie du corps humain et sur les principaux préceptes de l'hygiène.

Connaissance des formes cristallines les plus simples et de quelques minéraux particulièrement importants.

Sciences naturelles : Connaissance, acquise à l'aide d'expériences, des théories fondamentales de l'équilibre et du mouvement, ainsi que des lois les plus simples de l'acoustique et de l'optique. Connaissance des principaux éléments chimiques et de leurs principales combinaisons.

b) Sujets de l'enseignement.

Comme dans les classes de VIe jusqu'à la IIe B des écoles réales supérieures.

Observations méthodologiques pour l'enseignement des sciences naturelles. — 1. L'acquisition de connaissances isolées, susceptibles d'être utilisées dans la vie, malgré sa grande valeur intrinsèque, n'est pas le but final de l'enseignement des sciences naturelles, mais un simple moyen en vue de développer la culture générale. Les élèves doivent apprendre à se servir correctement de leurs sens et à faire une description correcte de ce qu'ils ont observé ; ils doivent avoir un aperçu des conditions générales de la production des phénomènes naturels et de la valeur des lois de la nature pour la vie ; autant que cela peut se faire à l'école, ils doivent acquérir aussi l'intelligence des moyens par lesquels on est arrivé et on peut arriver à dégager ces lois. Les enseignements visuel et expérimental doivent occuper une aussi grande place que possible.

2. L'enseignement de la botanique et de la zoologie doit commencer par des instructions sur la manière d'observer et de décrire chaque plante et chaque animal : les élèves parviendront ainsi peu à peu, par la comparaison des formes analogues, à s'approprier les principales notions de la morphologie, à connaître le système général et à se mettre au courant, en même temps, des phénomènes et des lois les plus importants de la vie animale et végétale. Partout on attachera le plus grand prix moins à étendre la matière de l'enseignement qu'à l'approfondir. On traitera de préférence des types de la flore et de la faune indigènes que fournissent les localités avoisinantes ou les collections de l'école, sans négliger des spécimens caractéristiques de plantes utiles importantes des pays étrangers. Dès le premier degré de l'enseignement, l'attention des élèves devra être attirée sur des phénomènes et des rapports biologiques, auxquels il faut rattacher des notions sur la distribution géographique des plantes et des animaux. On tiendra compte, avant tout, des observations personnelles des élèves, tandis que l'on évitera, d'autre part, tout ce qui dépasse le niveau intellectuel de la classe. Il est à désirer que les élèves s'exercent à classifier les plantes indigènes, même d'après le système de Linné. Dans toutes les classes, il est permis d'étendre l'enseignement à des phénomènes simples qui se rattachent à d'autres branches des Sciences naturelles, s'ils peuvent contribuer à l'intelligence de la nature vivante et s'ils ne dépassent pas les facultés intellectuelles des élèves. Les élèves de toutes les classes devront pratiquer le dessin simple et schématique des choses observées. Les excursions scientifiques fourniront des occasions d'initier les élèves aux diverses formes de la vie animale et végétale et de leur faire voir et comprendre, par des exemples, l'interdépendance et les ressemblances vitales qui existent entre les deux règnes ; on y trouvera également occasion de continuer les exercices très recommandés de classification des plantes indigènes.

3. En général, on parcourra le programme de botanique pendant

les mois d'été et celui de zoologie pendant les mois d'hiver. Cependant, on pourra étudier certaines parties de la zoologie en été, par exemple les insectes. De même, le maître est libre de consacrer les premières semaines du semestre d'été à récapituler et à compléter le programme de zoologie du semestre d'hiver, si le semestre d'été commence très tôt et s'il est impossible de se procurer les plantes nécessaires à l'enseignement de la botanique, et de parachever, par contre, le programme de la botanique dans les premières semaines du semestre d'hiver, en étudiant par ex. les fruits.

4. Dans les gymnases classiques l'enseignement de l'anthropologie pourra être terminé en un trimestre si le maître s'en tient essentiellement aux questions anatomiques et laisse les questions physiologiques à son collègue de physique et de chimie. Il est nécessaire, pour cela, de consacrer à un cours de physiologie dans une des classes supérieures (le mieux serait en Ire) une partie des heures assignées à la physique.

5. L'enseignement de la physique et de la chimie (avec la minéralogie) est distribué en deux cours.

a) Dans le premier de ces cours, qui a lieu en général dans les classes de IIIe B et A et de IIe B, on ne devra traiter que les théories les plus simples, qui répondent le mieux à l'intelligence et aux goûts des élèves de ce degré. Les expériences, aussi simples que possible, devront constituer d'un bout à l'autre l'élément essentiel de l'enseignement : autant que possible, l'observation personnelle des élèves servira de point de départ. Le choix sera limité aux parties indiquées dans le programme (ci-dessus, § Sujets de l'enseignement). Dans les établissements réaux, on ne traitera, comme dans les gymnases classiques, les éléments de la chimie que d'une façon préparatoire (propédeutique), puisque des heures spéciales sont réservées à l'enseignement de la chimie et de la minéralogie dans le IIe cours, qui commence dans la classe de IIe A. Chaque gymnase réal distribuera comme il l'entendra, entre l'Histoire naturelle et les Sciences naturelles, les quatre heures prévues pour la classe de IIe B. Dans des circonstances spéciales, notamment dans les établissements où toutes les classes ne sont pas représentées, on permet également une autre distribution de ces matières d'enseignement entre les classes de IIIe A et de IIe B, à condition que l'enseignement total, dans les dites classes, ne soit pas écourté. Dans les écoles réales supérieures l'enseignement de la physique est distinct, dès le début, de celui de la chimie et de la minéralogie.

b) Dans le deuxième cours qui est superposé au premier, on approfondira et on élargira les connaissances acquises dans celui-ci. Là encore les expériences demeurent une partie essentielle de l'enseignement ; mais, à le différence du degré antérieur où elles étaient d'un caractère plutôt qualitatif, elles devront être traitées surtout, désormais, au point de vue quantitatif, surtout dans les établissements réaux. On y ajoutera l'étude mathématique des principales lois. L'enseignement théorique de l'optique devra se borner aux phénomènes les plus importants (surtout dans la théorie de la polarisation et de la réfraction double). Les parties fondamentales de la cosmographie devront être traitées dans les leçons de mathématiques des classes de Ire A et B, de sorte que l'enseignement de la physique n'aura qu'à compléter les connaissances acquises. On peut aussi, dans les limites de ce cours, reporter certains sujets d'enseignement d'une classe à l'autre lorsque des circonstances spéciales y invitent, pourvu que l'on soit sûr d'atteindre le but général.

c) L'enseignement de la minéralogie se joint très naturellement à celui de la chimie. Cela n'empêchera pas, dans des circonsconstances particulières, par ex. dans les établissements situés en pleine région minière, d'apporter à l'enseignement de la minéralogie une attention spéciale. On y étudiera les formes cristallines les plus importantes et les qualités physiques et chimiques des principaux minéraux: dans les établissements réaux on étudiera également les éléments de la géognosie et de la géologie. — En chimie on aura soin de ne pas surmener les élèves en traitant d'une façon uniforme tous les corps simples et leurs combinaisons, et de ne pas les forcer ainsi à faire travailler exclusivement leur mémoire. — Autant que possible, l'enseignement devra tenir compte de l'application technique des sciences physiques et chimiques. En outre, il est bon de considérer des questions importantes au point de vue de l'hygiène, par exemple à propos de l'eau, de l'air, des produits alimentaires, ainsi que les rapports avec la biologie. — Dans les exercices pratiques, les élèves doivent faire les plus importantes réactions des métalloïdes et des métaux, des analyses qualitatives simples et des préparations faciles. Ce genre d'exercices, dont la valeur éducative ne saurait être trop appréciée lorsqu'ils sont bien dirigés, peut-être pratiqué également dans les classes de physique, si les circonstances le permettent.

6. Vu l'abondance énorme de toutes les matières et le nombre relativement restreint des heures disponibles, surtout dans les gymnases classiques, il est nécessaire d'apporter le plus grand soin au choix des sujets d'enseignement. Le professeur tâchera avant tout d'amener les élèves à observer et à penser par eux-mêmes, et d'évi-

ter toute surcharge inutile de la mémoire. On ne fera faire à la maison des travaux écrits considérables que dans les classes supérieures des établissements réaux, et toutes les quatre semaines au plus.

II. — DESSIN.

A. — Gymnases classiques.

a) BUT GÉNÉRAL DE L'ENSEIGNEMENT.

Le but de l'enseignement obligatoire du dessin est de former l'œil à voir les formes et les couleurs et de développer la faculté de reproduire par le dessin des objets simples.

Dans l'enseignement facultatif des classes supérieures, à partir de la IIe B, le développement ultérieur du sens des formes et des couleurs se fait à l'aide de la reproduction de formes naturelles et artistiques plus difficiles à rendre. Certains élèves qui attachent une importance particulière au dessin linéaire recevront des notions de géométrie descriptive.

b) SUJETS DE L'ENSEIGNEMENT.

CLASSES DE V^e ET DE IVe : *2 heures par semaine dans chacune.*
Dessin de figures planes et de formes plates que l'élève connait de vue.

Exercice de reproduction exacte de couleurs d'après des modèles coloriés (tableaux d'histoire naturelle, papillons, carrelages, étoffes, etc.), croquis et dessins de mémoire.

CLASSES DE IIIe B ET A : *2 heures par semaine dans chacune.*
Dessin d'après des objets simples (ustensiles, formes naturelles et artistiques), avec reproduction de la lumière et des ombres. Exercices de perspective à main levée par des reproductions de parties de la salle de dessin, du bâtiment d'école, etc. Suite des exercices de reproduction exacte de couleurs et de dessins et croquis de mémoire.

CLASSES DE IIe B ET A ET DE Ire B ET A : *2 heures par semaine dans chacune.*
Dessin d'après des formes naturelles et artistiques plus difficiles à rendre (ustensiles, vases, ornements, morceaux d'architecture, etc.), avec reproduction de la lumière et des ombres. Exercices de pers-

pective à main levée dans des intérieurs et en plein air. Exercices d'aquarelle d'après des objets colorés (ustensiles, vases, plantes naturelles, oiseaux empaillés, étoffes, etc.) ; croquis et dessins de mémoire.

En dessin géométrique, si toutefois il est possible de le pratiquer, on apprendra aux élèves à se servir du compas, de la règle et du tire-ligne, en faisant faire des dessins de patrons, des divisions du cercle et d'autres figures géométriques, puis des reproductions géométriques de corps simples vus sous des angles différents, avec coupes et développements ; enfin constructions d'ombres et perspective.

B. — Gymnases réaux, Écoles réales supérieures et Écoles réales.

a) BUT GÉNÉRAL DE L'ENSEIGNEMENT.

Le même que dans les gymnases classiques, sauf qu'il faut pratiquer le dessin géométrique d'une façon plus complète et plus étendue ; cependant, on ira moins loin dans les écoles réales que dans les gymnases réaux et dans les écoles réales supérieures, parce que le cours des études n'est que de six années.

b) SUJETS DE L'ENSEIGNEMENT.

Pour le *dessin à main levée*, la mesure est la même dans les établissements réaux que dans les gymnases classiques.

Pour le *dessin linéaire facultatif*, on dispose de deux heures de plus dans les établissements réaux complets à partir de la IIIᵉ A, et dans les écoles réales [de six années] à partir de la IIIᵉ.

Les sujets d'enseignement pour les classes en question des gymnases réaux et des écoles réales supérieures [écoles complètes] sont les suivants :

CLASSE DE IIIᵉ A : Exercices d'emploi du compas, de la règle et du tire-ligne pour des dessins de patrons ; divisions du cercle et d'autres figures géométriques.

CLASSE DE IIᵉ B : Dessin géométrique de corps simples vus sous des angles différents, avec coupes et développements.

CLASSES DE IIᵉ ET Iʳᵉ A ET B : Suite des notions de géométrie descriptive ; ombres et perspective.

Dans les écoles réales, il faut atteindre au moins le but fixé pour la classe de IIe B d'une école réale supérieure. La distribution des sujets d'enseignement entre les classes de IIIe, de IIe et de Ire, peut être laissée à la discrétion des autorités de chaque école.

Observations méthodologiques pour l'enseignement du dessin. — Le *dessin à main levée* ne doit pas se faire d'après des feuilles-modèles. Il est interdit de prendre des mesures sur le modèle et d'employer des instruments tels que le compas, la règle, le mètre, etc. Les différents sujets doivent être traités de manière à ce que la faculté de saisir et le don d'observer se développent chez les élèves, à ce que la main devienne capable de tracer une ligne librement et sûrement, et à ce que les dispositions naturelles des élèves pour le modelé aient l'occasion de se manifester. Les exercices de croquis et de dessins faits de mémoire apprendront aux élèves à saisir rapidement les particularités caractéristiques d'un objet et à en conserver des souvenirs nets.

En *dessin linéaire* on exclura la reproduction machinale de modèles.

12. — GYMNASTIQUE.

La gymnastique scolaire doit favoriser le développement physique de la jeunesse, fortifier surtout la santé, habituer le corps au bon maintien, en augmenter la force et l'agilité et lui procurer les aptitudes qui ont de la valeur pour la vie et particulièrement pour le service dans l'armée nationale.

En même temps, la gymnastique doit former le caractère, en développant la fraîcheur de l'esprit, la confiance de l'individu dans sa propre force, la décision, le courage et l'endurance, et en donnant l'habitude de la soumission volontaire aux fins de la communauté.

Ce *but* ne saurait être atteint que si la gymnastique est enseignée d'après un *plan* déterminé, de façon à ce que la suite graduée et la variété appropriée des exercices assurent le progrès régulier de tous les élèves à la fois, et à ce que ceux-ci soient tenus à les exécuter tous, surtout les exercices fondamentaux, avec exactitude, en déployant toutes leurs forces et avec une tenue aussi esthétique que possible. Cela n'empêchera pas, puisque c'est dans la nature même de la chose, que la gymnastique soit pratiquée gaîment et avec alacrité, et qu'elle procure à la jeunesse le plaisir qui ne peut manquer d'accompagner le sentiment de la force grandissante, des progrès corporels, et surtout la conscience de travailler, avec des compagnons de son âge, en vue d'un noble but.

Autant que possible les exercices se feront en plein air.

En ce qui concerne les commandements et la terminologie de la gymnastique, on se conformera aux prescriptions du « Guide de la Gymnastique pour les écoles prussiennes de 1895 ». Par conséquent, on se servira dans les exercices du genre militaire des commandements militaires (voir § 12 du *Guide*).

Dans les classes inférieures et moyennes, on devra pratiquer la gymnastique sous forme d'exercices d'ensemble sous la direction immédiate du professeur. Dans les classes supérieures on permettra les exercices aux appareils, s'il est possible de former de bons moniteurs spécialement préparés.

A cause de la grande diversité des aptitudes physiques chez les élèves d'une même classe, et à cause des différences locales dans la composition et dans l'effectif des sections, il ne semble pas utile de prescrire une distribution de l'enseignement, obligatoire pour toutes les écoles. Il suffit de faire remarquer, pour l'établissement du programme de chaque école, que les exercices gymnastico-militaires, les exercices libres, les exercices avec des cannes ou des barres de fer légères et les exercices simples aux appareils doivent prédominer dans les classes inférieures, tandis que dans les classes supérieures on fera de préférence des exercices avec des instruments plus lourds (barres de fer, haltères, etc.) et aux appareils.

Les exercices du genre militaire doivent être limités aux formes simples. On évitera dans les exercices libres les séries qui surchargent la mémoire.

On recommande les exercices bien ordonnés aux engins.

A tous les degrés on pratiquera un choix approprié de jeux et les exercices populaires de la course, du saut, etc., en augmentant graduellement les difficultés.

On augmentera l'endurance en faisant de temps à autre des marches, qui donnent l'occasion d'exercer les sens et surtout d'apprendre aux élèves à évaluer les distances.

La natation, qui est un exercice voisin de la gymnastique, doit toujours être encouragée à l'école et doit être développée dans la mesure du possible.

OBSERVATIONS GÉNÉRALES.

1. L'égalité des trois ordres d'établissements secondaires quant à leur valeur éducative étant reconnue en principe, il sera possible désormais de développer plus fortement le caractère particulier de chacun.

Afin d'assurer et d'accentuer encore les progrès incontestables que l'enseignement a réalisés depuis 1892 dans différentes branches, les Directeurs auront à veiller rigoureusement à ce que les efforts exigés des élèves ne soient pas également considérables pour toutes les matières de l'enseignement, mais à ce que les plus importantes d'entre ces matières soient placées au premier plan et approfondies selon le caractère particulier de chaque établissement. On attend de la part des professeurs de chaque discipline qu'ils se placent à ce point de vue, qu'ils tiennent compte les uns des autres et qu'ils limitent leurs exigences à une juste mesure.

2. Autant que faire se pourra, on évitera de combiner les deux années des classes de III⁰ et de II⁰ pour un enseignement scientifique commun. La séparation s'impose absolument :

Dans les classes de III⁰ B et de III⁰ A

des *gymnases classiques* pour le grec et les mathématiques ;

des *gymnases réaux* et des *écoles réales supérieures* pour l'anglais, les mathématiques et les sciences naturelles ;

et dans les classes de II⁰ B et de II⁰ A

des *gymnases classiques* pour l'histoire, la géographie et les mathématiques ;

des *gymnases réaux* et des *écoles réales supérieures* pour l'histoire et la géographie, les mathématiques et les sciences naturelles.

Dans les *écoles réales*, on maintiendra la séparation des six classes pour l'enseignement scientifique.

3. Les Collèges scolaires des provinces sont autorisés :

a) à renforcer d'une heure l'enseignement de la langue allemande en VI⁰ et en V⁰ dans les districts de langue mixte, et à y porter ainsi le nombre total d'heures hebdomadaires de ces deux classes de 25 à 26 ;

b) à permettre l'interversion, dans tous les établissements réaux, du nombre d'heures respectivement assigné aux langues française et anglaise, pourvu qu'une telle modification du plan d'études général paraisse justifiée par la situation géographique et par les conditions commerciales et industrielles de l'endroit, et qu'elle n'empêche pas, à la longue, d'atteindre le but général fixé à l'enseignement des deux langues ;

c) à approuver la modification indiquée comme permise dans le plan d'études général (p. 7) au sujet de l'enseignement des langues modernes dans les trois classes supérieures (II⁰ A, I⁰ B et A) des gymnases classiques, mais jusqu'à nouvel ordre seulement, et après en avoir soumis à l'approbation du Ministre la demande, motivée en détail, pour chaque cas particulier.

Les Collèges scolaires des provinces devront rendre compte, dans chacun de leurs rapports administratifs, des modifications introduites dans le sens des alinéas (*a* et *b*), des raisons qui les ont motivées et des résultats qu'elles ont produits.

L'organisation d'un autre enseignement à la place du grec dans les classes de IIIe B et A et de IIe B d'un gymnase classique ou d'un progymnase [gymnase classique incomplet] doit être autorisée par le ministre.

4. Afin d'éviter, dans les *gymnases classiques*, le surmenage des élèves par suite d'un trop grand nombre d'heures de classe, il sera de règle que le même élève ne pourra prendre part qu'à un *seul* enseignement facultatif (langues vivantes *ou* hébreu), et que le directeur ne pourra accorder l'autorisation de prendre part aux deux à la fois que par exception. De même, il appartiendra au directeur de juger si, dans des cas individuels, depuis la VIe jusqu'en Ire, une dispense des leçons de chant doit être accordée. Cela ne change rien à la règle de la participation obligatoire à l'enseignement théorique du chant, qui demeure entière pour les élèves des classes de VIe et de V^e dispensés des exercices pratiques de chant.

Dans la province de Hanovre, les prescriptions relatives à l'enseignement de la langue anglaise, obligatoire pour tous, restent en vigueur.

5. La nature et la mesure des travaux que les élèves auront à faire chez eux, seront déterminées d'après les considérations suivantes :

a) Tous les devoirs à faire à la maison servent essentiellement soit à amener l'élève à travailler avec ordre et propreté (copies au net), soit à fixer dans sa mémoire ce qu'il est indispensable de retenir et à consolider ce qui a été appris, soit, enfin, à l'habituer au travail personnel.

b) En conséquence, on considérera les travaux faits à la maison comme un complément essentiel de l'enseignement donné en classe, surtout dans les classes moyennes et supérieures; ils y seront donc toujours rattachés; en outre, on aura soin de les approprier au développement physique et intellectuel et à la capacité de chaque âge.

c) Une partie considérable de ce qui a été, jusqu'à présent, l'objet de devoirs à la maison, peut être reporté sur l'enseignement en classe, si celui-ci est organisé comme il faut et donné avec méthode.

d) Les devoirs non écrits que les élèves font chez eux pour acquérir ce qui doit être absolument su de mémoire ou pour consolider les choses apprises, se simplifieront à mesure que l'on diminuera, par un triage sérieux, les sujets de toutes les branches qu'il s'agit de fixer dans la mémoire, et que l'on affermira les connaissances acquises par des récapitulations intelligemment faites. On ne devra jamais s'écarter de ces points de vue.

c) Un moyen efficace pour diminuer les travaux à faire à la maison consiste à relier entre elles les matières voisines avec méthode et suivant leurs rapports intimes, puis à grouper en conséquence les sujets d'enseignement. On y réussira d'une façon tout à fait certaine en confiant, autant que possible, au *même* maître, d'une part, l'enseignement des langues et de l'histoire, et, d'autre part, les mathématiques et les sciences naturelles, du moins dans les classes inférieures et moyennes.

Ce sera d'après ces points de vue et dans les limites des programmes que les Collèges scolaires des provinces auront arrêtés pour chaque établissement avant le commencement de l'année scolaire, que désormais l'assemblée des professeurs de chaque établissement préparera un plan réglant l'emploi du temps pour les différentes classes quant aux devoirs à faire à la maison. Cette distribution sera faite en tenant compte de la force de travail moyenne et normale des élèves, de telle sorte qu'il n'en résulte pas de surmenage et qu'il reste chaque jour suffisamment de temps pour la récréation. Des cahiers de classes, qui devront être tenus exactement à cet effet, permettront au directeur et au professeur d'avoir connaissance des devoirs que les élèves auront à faire chez eux chaque jour, et de veiller efficacement à ce que la mesure fixée ne soit pas dépassée.

6. Dans les classes d'allemand, de langues vivantes, d'histoire, de géographie et de sciences naturelles du degré moyen et supérieur, les travaux de classe qui sont prévus [ci-dessus] par les « Sujets de l'enseignement » et par les « Observations méthodologiques », comprendront aussi de courtes rédactions sur des questions étroitement limitées, préalablement expliquées par le professeur. Le professeur compétent corrigera ces rédactions et les appréciera surtout au point de vue de la propriété de l'expression. (Voir les « Observations méthodologiques pour l'enseignement de la langue allemande », p. 17.)

Il faut s'opposer avec la plus grande énergie à ce que trop d'importance soit attachée aux devoirs improvisés en classe.

7. Si l'école secondaire veut aussi remplir sa mission au point de vue de l'éducation, il est de son devoir d'insister sur la discipline e le maintien extérieur, de développer l'obéissance, l'application, la véracité et la loyauté, et de dégager de toutes les disciplines, surtout de celles où la morale est intéressée, des germes féconds en vue de la formation du caractère et des saines aspirations. C'est en pénétrant ainsi l'esprit de la jeunesse d'un idéal moral et en stimulant d'une

façon intense l'intérêt pour cet idéal qu'on imprimera à la volonté une direction droite.

Le problème que le maître doit résoudre pour y réussir comporte des difficultés, mais aussi d'heureux résultats, et la solution en doit être cherchée sans cesse. Il va de soi que le maître doit tenir compte, affectueusement, de la personnalité de chaque élève.

La première des conditions pour arriver à une solution même approximative de ce problème, surtout dans les circonstances actuelles et dans des classes qui, souvent, sont trop nombreuses, c'est la préparation sérieuse et consciencieuse du maître lui-même à sa mission d'éducateur. Le futur maître est préparé, actuellement, à enseigner d'une manière méthodique; mais il devra se rendre lui-même de plus en plus apte à sa mission d'éducateur en profitant de tous les moyens qui lui sont procurés à l'Université et pendant le stage, aussi bien que par l'observation et la pratique personnelles. Il faut qu'il ait toujours présent à l'esprit que c'est surtout son propre exemple qui décidera de son succès.

Une autre condition de réussite est que le collège des professeurs tout entier s'entende pour viser au même but et qu'il donne ainsi une direction déterminée à l'esprit de l'école.

Pour atteindre ce but, il n'est pas moins nécessaire que l'influence et l'action générale du professeur de classe soient plus soutenues que celles des professeurs spéciaux, surtout dans les classes inférieures et moyennes. Dans ces classes l'éparpillement de l'enseignement et les changements de maître trop fréquents gênent toute action éducatrice durable.

Afin de prévenir cet inconvénient autant que faire se peut, les Collèges scolaires des provinces, avant de ratifier les plans d'études que lui soumettront les différents établissements au début de chaque année scolaire, devront s'assurer rigoureusement qu'un maître proposé comme professeur de classe est apte à remplir sa tâche et qu'il trouve dans sa classe l'occupation qui correspond à ses aptitudes professionnelles ou à son expérience pratique. C'est principalement au professeur de classe qu'incombe le devoir d'être constamment en rapport avec les familles des élèves, et d'aider les parents en conseil et en action.

Comme les élèves appartiennent tous à une communauté religieuse, l'école a le devoir non seulement d'écarter tous les obstacles à l'accomplissement des devoirs religieux de chacun, mais même de favoriser ces pratiques d'une façon positive en tant qu'elles ne sont pas contraires au règlement intérieur de l'école. Les collèges de professeurs voudront certainement contribuer à ce que ce but soit atteint.

III

RÈGLEMENT SUR LA PROMOTION DES ÉLÈVES

DANS LES

ÉTABLISSEMENTS SECONDAIRES [1].

————

[Les nouveaux plans d'études ayant rendu nécessaire une nouvelle réglementation de la promotion des élèves d'une classe à l'autre à la fin de l'année scolaire, le Ministre avait demandé, le 13 août 1901, des rapports à ce sujet. C'est à la suite de ces rapports qu'il a communiqué aux Collèges scolaires royaux des provinces, à la date du 25 octobre 1901, les dispositions nouvelles dont voici la traduction :]

1. Les titres à la promotion sont les notes et bulletins décernés par les professeurs au courant de l'année scolaire, surtout le bulletin de fin d'année. .

2. Le Directeur peut compléter à son gré ces titres par des questions orales et même, si cela est nécessaire, par des travaux écrits. Ce complément des titres est de règle pour la promotion de IIe B en IIe A, et il ne peut être fait exception à cette règle que dans des cas tout à fait hors de doute.

(1) *Lehrpläne und Lehraufgaben für die höheren Schulen in Preussen von 1901 nebst den Bestimmungen über Versetzungen und Prüfungen.* Halle a. d. S., 1902 in 8°. Pp. 75-78.

3. Il est permis, dans les bulletins, de distinguer entre les différentes branches d'une discipline (par exemple : grammaire et lecture)
ainsi qu'entre les résultats oraux et écrits ; mais, à la fin, l'appréciation pour chaque matière doit être résumée en une des notes suivantes : 1) « très bien » ; 2) « bien » ; 3) « satisfaisant » ; 4) « mé-
diocre » ; 5) « insuffisant ».

4. En règle générale, la note « satisfaisant » dans les matières
scientifiques obligatoires sera indispensable pour la promotion.

On peut passer sur des résultats médiocres ou insuffisants dans
telle ou telle matière si, à l'avis des professeurs, la personnalité
et l'application de l'élève garantissent sa maturité en général (on
peut tenir compte également des progrès dans les matières obligatoires qui ne sont pas de l'ordre scientifique), et si l'on peut présumer
que l'élève comblera les lacunes dans la classe suivante. Cependant
la promotion est inadmissible si un élève a obtenu pour un sujet
principal la note « insuffisant », et si cette note n'est pas compensée
par la note « bien » ou « très bien » dans un autre sujet principal.

On considère comme sujets principaux :

a) Dans les *gymnases classiques :*

L'allemand, le latin, le grec, et les mathématiques (arithmétique,
calcul);

b) Dans les *gymnases réaux :*

L'allemand, le latin, le français, l'anglais, et les mathématiques;

c) Dans les *écoles réales* et les *écoles réales supérieures :*

L'allemand, le français, l'anglais, les mathématiques et, dans les
classes supérieures, les sciences naturelles.

5. Il est inadmissible de promouvoir un élève à la condition qu'il
passe un examen complémentaire au commencement de la nouvelle
année scolaire; par contre, il est permis d'insérer dans les bulletins
d'élèves qu'on a promus, malgré leurs progrès insuffisants en certaines matières, la mention qu'ils auront à s'appliquer très sérieu-
sement à combler les lacunes au courant de l'année suivante, sous
peine de se voir exclus de la promotion dans la classe supérieure.

6. Le Directeur et les professeurs auront à juger jusqu'à quel point
il peut être tenu compte, pour la promotion d'un élève, des conditions extraordinaires qui ont entravés ses progrès, par exemple :
longue maladie ou changement d'établissement au courant de l'année
scolaire.

7. Pour délibérer sur les promotions d'élèves, les professeurs se
réunissent, par classe, sous la présidence du Directeur. Le professeur
de classe (*Ordinarius*) propose les élèves qui doivent être promus ou
retenus; les autres professeurs qui enseignent dans la classe for-

mulent leur jugement pour lequel, cependant, l'ensemble des titres devra toujours avoir une valeur décisive. S'il se manifeste, parmi les professeurs, une divergence d'opinion, le Directeur décidera lui-même, selon les circonstances, ou il soumettra le cas à la décision du Collège scolaire royal de la province.

8. Les élèves auxquels la promotion n'a pu être accordée, même après un séjour de deux années dans la même classe, devront quitter l'établissement si, à l'avis unanime des professeurs et du Directeur, un séjour plus prolongé serait sans aucune utilité. Cependant, il est indispensable que les parents, ou ceux qui en tiennent lieu, aient été avertis au moins trois mois à l'avance d'une pareille mesure, qui ne saurait être considérée comme une punition.

9. Les élèves qui ont quitté un établissement sans avoir été promus dans la classe supérieure à la leur ne peuvent être admis avant six mois dans une classe supérieure à celle qui est mentionnée dans le certificat de sortie qu'ils auront à produire. A l'entrée dans la nouvelle classe, l'élève subira un examen qui non seulement répondra au niveau initial de cette classe, mais qui comprendra aussi les sujets qui y auront déjà été étudiés au moment de l'entrée. Si l'élève se représente dans l'établissement même qu'il a quitté, il devra, avant l'examen d'entrée, solliciter l'autorisation du Collège scolaire royal de la province en exposant les conditions particulières dans lesquelles il se trouve.

10. Ces dispositions entrent en vigueur le 1er janvier 1902. Le même jour toutes les dispositions d'après lesquelles, jusqu'à cette date, la promotion devait être faite dans les différentes provinces cesseront d'être appliquées.

Berlin, le 25 octobre 1901.

Le Ministre des Cultes, de l'Instruction publique, etc.

Signé : STUDT.

U. II. 3389.

IV

RÈGLEMENT DE L'EXAMEN DE MATURITÉ

DANS LES

ÉCOLES SECONDAIRES DE NEUF ANNÉES.

(GYMNASES CLASSIQUES, GYMNASES RÉAUX ET ÉCOLES RÉALES SUPÉRIEURES) [1].

---

§ 1. — But de l'examen.

Le but de l'examen est de s'assurer si l'élève a atteint le degré d'instruction scolaire correspondant aux résultats visés par les plans d'études et les programmes du Gymnase classique, du Gymnase réal ou de l'École réale supérieure.

§ 2. — Autorisation à procéder à l'examen.

Sont autorisés à procéder à des examens de maturité tous les gymnases classiques, gymnases réaux et écoles réales supérieures, qui ont été reconnus comme tels par le Ministre de l'Instruction Publique.

(1) Recueil précité, pp. 79-97.

§ 3. — Commission d'examen.

1. La commission d'examen se compose du Commissaire royal, président, du Directeur de l'établissement et de ceux parmi les professeurs qui sont chargés de l'enseignement des matières scientifiques dans la classe supérieure. Dans les gymnases réaux et dans les écoles réales supérieures, le professeur qui enseigne le dessin dans la classe supérieure fait également partie du jury.

2. Le « Collège scolaire royal de la province » (Provinzial-Schul-kollegium) délègue régulièrement en qualité de Commissaire royal celui de ses membres qui s'occupe des affaires intérieures de l'établissement. Cependant, ce Collège est libre de nommer, dans certains cas, un Commissaire suppléant, qui, d'ordinaire, sera le Directeur de l'établissement.

3. Le corps auquel revient la représentation légale de chaque établissement a le droit de nommer un commissaire, membre de la commission d'examen. La désignation de ce commissaire est faite, en règle générale, pour une durée de trois ans au moins et doit être notifiée en temps voulu au Collège scolaire de la province. Le représentant désigné a droit de vote dans la commission.

Rien n'est changé aux droits que possèdent encore quelques corporations à participer aux examens de certains établissements.

4. Les membres de la commission d'examen sont liés par le secret professionnel pour tout ce qui concerne leurs délibérations.

§ 4. — Inscription et admission à l'examen.

1. En règle générale, les élèves ne peuvent se présenter à l'examen avant le deuxième semestre qu'ils passent dans la classe de Ire A.

Pour des raisons importantes et sur la proposition du Directeur et des professeurs faisant partie de la commission d'examen, le Collège scolaire de la province peut agréer, exceptionnellement, une demande d'admission à l'examen de maturité en faveur d'un élève de Ire A, dès le premier semestre de son séjour dans cette classe.

2. Lorsqu'un élève de Ire A ou B change d'établissement, c'est le Collège scolaire de la province qui décide si le semestre au courant ou à la fin duquel s'est fait le changement doit être compté pour l'inscription à l'examen. Cette décision doit être requise au moment même de l'entrée de l'élève dans le nouvel établissement par le Directeur de celui-ci, lequel doit joindre à sa demande un exposé des motifs justificatifs du changement.

Le semestre ne saurait compter dans tous les cas où un élève de Prima a changé d'établissement parce qu'il a été renvoyé par mesure disciplinaire, ou s'il est parti pour se soustraire à une punition prononcée contre lui dans l'école qu'il fréquentait.

3. Les élèves de l'Empire allemand que ni la qualité de sujet prussien ni le domicile temporaire de leurs parents ou de ceux qui leur en tiennent lieu n'obligent à fréquenter une école prussienne, et qui voudront se présenter à l'examen de maturité dans un gymnase classique ou réal prussien, auront à produire une autorisation de l'administration scolaire de l'État auquel ils appartiennent, si l'entrée dans l'école prussienne a lieu après le commencement de la classe de II° A. — Le Directeur de tout gymnase classique ou réal devra attirer l'attention des candidats sur ce point avant leur entrée dans son école, au cas où ils demanderaient à y entrer plus tard qu'au début de la classe de II° A.

4. La demande d'inscription à l'examen de maturité doit être remise par écrit au Directeur trois mois avant la fin du semestre scolaire.

5. Le Directeur convoquera une assemblée des professeurs faisant partie de la commission d'examen et communiquera les demandes d'admission ; d'après les notes obtenues dans la classe de I°° B et A, on appréciera si les élèves-candidats remplissent les conditions voulues au point de vue de la conduite et du travail.

Un élève qui, au sentiment unanime de l'assemblée, n'aura pas encore atteint la maturité morale ou scientifique, ne devra pas être admis à l'examen.

Dans tous les autres cas l'assemblée résumera son jugement par la déclaration expresse que la maturité de l'élève doit être considérée comme « hors de doute » ou comme « pas hors de doute » ; elle formulera en même temps la note qui sera insérée dans le certificat de maturité sous la rubrique : « Conduite et application ».

6. Deux mois et demi au plus tard avant la fin du semestre, le Directeur transmettra au Collège scolaire de la province la liste de *tous* les élèves de la classe de I°° A que la durée de leur séjour dans la dite classe autorise à se présenter. S'il s'agit d'un cas prévu dans l'art. 1, alinéa 2, de ce §, la demande nécessaire sera faite par le Directeur sur une feuille à part ; on devra aussi indiquer, le cas échéant, que la liste comprend des candidats qui ont demandé leur admission dans une école de médecine militaire.

Dans cette liste devront figurer, en regard du nom de chaque élève, les indications suivantes : date et lieu de naissance ; confession, c'est-à-dire religion ; profession et domicile du père ; durée du séjour dans l'établissement et spécialement dans les classes de Ire B et de Ire A (pour les élèves qui ne sont entrés qu'en Ire B ou A, on ajoutera les indications nécessaires au sujet de l'établissement auquel ils ont appartenu auparavant). Quant aux élèves qui ne se sont pas présentés à l'examen ou qui, sur l'avis unanime de l'assemblée des professeurs-examinateurs, n'ont pas été admis à se présenter (voir art. 5, alinéa 2, de ce §), il devra en être fait mention. Pour chacun des autres élèves on indiquera l'appréciation de l'assemblée des professeurs-examinateurs sur la maturité ainsi que la note obtenue pour la conduite et l'application (art. 5, alinéa 1 et 3 de ce §) ; de plus, on mentionnera la carrière que l'élève compte choisir. Enfin, on fera connaître s'il s'agit d'une répétition de l'examen [à la suite d'un premier échec], et l'on fournira des renseignements détaillés, avec pièces à l'appui, dans les cas prévus aux art. 2 et 3 de ce §.

S'il n'y a pas d'élèves de Ire A ayant le droit, de par leur séjour dans cette classe, à se présenter à l'examen, communication devra en être faite au Collège scolaire de la province, deux mois et demi au plus tard avant la fin du semestre.

7. C'est le Collège scolaire de la province qui décide de l'admissibilité à l'examen.

§ 5. — Forme et sujets de l'examen.

1. L'examen de maturité est écrit et oral.

2. Les *épreuves écrites* comprennent dans *tous* les établissements une dissertation allemande et la solution de quatre problèmes de mathématiques tirés de quatre chapitres différents ; ensuite

a) Dans les *gymnases classiques :*

Une traduction de l'allemand en latin et une traduction du grec en allemand. Les élèves qui désirent passer un examen d'hébreu traduiront un morceau facile de l'Ancien Testament ; cette version sera accompagnée d'explications grammaticales ;

b) Dans les *gymnases réaux :*

Une traduction du latin en allemand ; un travail de français *ou* un travail d'anglais suivant le plan d'études de chaque établissement, soit une dissertation, soit un thème ; un problème de physique ;

c) Dans les *écoles réales supérieures :*

Un travail français *et* un travail anglais, c'est-à-dire une dissertation dans une de ces deux langues et, dans l'autre, un thème ; un problème de physique *ou* de chimie.

3. *L'examen oral* porte, dans *tous* les établissements, sur la religion chrétienne, l'histoire et les mathématiques ; ensuite

a) Dans les *gymnases classiques :*

Sur la langue latine, la langue grecque et, suivant le plan d'études de chaque établissement, soit sur la langue française, soit sur la langue anglaise ;

b) Dans les *gymnases réaux :*

Sur la langue latine, les langues française et anglaise, et sur la physique *ou* sur la chimie ;

c) Dans les *écoles réales supérieures :*

Sur les langues française et anglaise, sur la physique *et* sur la chimie.

ÉPREUVES ÉCRITES.

§ 6. — Manière de poser les sujets de composition.

1. Tous les élèves appelés à subir l'examen en même temps composeront sur les mêmes sujets.

2. Les sujets doivent être donnés de telle façon qu'ils ne dépassent, ni en genre ni en difficultés, les devoirs de classe traités en Ire B et A ; ils ne doivent pas, cependant, se rapprocher de sujets déjà traités au point d'enlever à la composition d'examen la valeur d'un travail personnel.

Pour les versions de textes classiques, on choisira des morceaux d'auteurs appropriés à la lecture en Ire B et A, qui n'auront pas été lus en classe, et exempts de difficultés spéciales.

3. Les sujets et questions des épreuves écrites sont arrêtés par le Commissaire royal. A cet effet, les professeurs de chaque matière qui enseignent en Ire A enverront à temps chacun trois sujets ; pour les mathématiques on proposera trois groupes de quatre problèmes pris dans les différents domaines; en marge de chaque sujet devront se trouver les observations et les explications qu'on voudra communiquer aux candidats pour les aider.

4. Le Directeur transmettra les sujets proposés au Commissaire royal lui-même, et sa signature vaudra approbation des propositions faites par ses collègues. Les sujets proposés pour chaque matière d'examen doivent être placés dans des enveloppes séparées portant l'indication nécessaire, mais non fermées ; toutes ces enveloppes seront réunies dans une enveloppe commune, qui devra être cachetée.

5. Le Commissaire royal renvoie les sujets en plaçant chacun sous enveloppe fermée et après y avoir ajouté sa décision; d'ordinaire ce renvoi aura lieu en même temps que la notification des décisions du Collège scolaire de la province au sujet de l'admission des candidats (§ 4, art. 7).

Le Commissaire ryoal a le droit de substituer d'autres sujets à ceux qui lui ont été proposés.

6. L'enveloppe contenant un sujet approuvé pour l'examen ne doit être décachetée qu'immédiatement avant le commencement de la composition et dans la salle même où a lieu l'examen. En général, il est du devoir de la commission d'examen, surtout des professeurs qui ont proposé le sujet et du Directeur, de faire en sorte que les élèves n'aient connaissance des sujets et questions des épreuves écrites qu'au moment de commencer chaque composition; de même, toute allusion anticipée aux différents sujets est rigoureusement interdite.

§ 7. — Exécution des épreuves écrites.

1. Les compositions auront lieu dans une salle appropriée de l'établissement, sous la surveillance continuelle des professeurs faisant partie de la commission d'examen; le Directeur aura soin d'organiser la surveillance.

2. On accordera cinq heures et demie pour les dissertations, cinq heures pour les problèmes de mathématiques, dans la matinée, et trois heures pour chacune des autres épreuves. Le temps est compté à partir du moment où note est prise des textes de composition.

3. Aucune récréation ne devra interrompre le temps de travail (art. 2). Cependant, le temps accordé pour les compositions de mathématiques peut être coupé par une pause; au début de chaque demi-séance on donnera les énoncés et, à la fin, on ramassera les copies.

4. Il est interdit d'apporter dans la salle de travail d'autres livres qu'un dictionnaire français-allemand ou anglais-allemand pour les dissertations en langues française ou anglaise, un dictionnaire hébreu pour la version hébraïque, des tables de logarithmes pour les problèmes de mathématiques et des tableaux de chimie pour la question de chimie.

5. On dictera les textes à traduire et les indications pouvant aider à la traduction; mais, la dictée terminée, on peut permettre aux candidats de consulter l'original du texte.

Dans le cas où l'on s'apercevrait que des indications étaient indispensables, en dehors de celles qui ont été données, le fait devra être inscrit au procès-verbal (§ 12, 2), et le renseignement communiqué devra être mentionné en marge. Cela revient à dire qu'aucun secours n'a été accordé en dehors de ceux qui sont mentionnés de la sorte.

6. Le candidat qui aura terminé son travail le remettra au professeur surveillant et quittera la salle de travail.

Celui qui n'aura pas terminé dans le temps accordé remettra son travail inachevé.

Dans tous les cas on remettra le brouillon avec la copie au net, que le travail soit terminé ou non.

7. Quiconque, aux épreuves écrites, se rend coupable d'emploi de secours interdits, de fraude ou de tentative de fraude, sera puni d'exclusion immédiate ; si la fraude n'est découverte qu'après l'achèvement des épreuves, le certificat ne sera pas délivré. La même peine frappera quiconque aura aidé un autre à employer des secours interdits, à commettre ou à tenter une fraude. Les candidats ainsi frappés recommenceront l'examen dans les mêmes conditions que les candidats refusés (voir § 15, art. 1 et 2). En cas de récidive, un candidat pourra être exclu à jamais de l'examen. Le Directeur est tenu de rappeler expressément ces prescriptions aux candidats au commencement de la première épreuve écrite.

S'il y a doute sur un des cas mentionnés, le Directeur, d'accord avec les professeurs qui font partie de la commission d'examen, prend les mesures nécessaires en attendant la décision finale que la commission entière rendra avant l'examen oral (§ 10, art. 2).

Les cas d'exclusion définitive doivent être soumis à la décision du Ministre de l'Instruction Publique.

§ 8. — Appréciation des épreuves écrites.

1. Chaque travail est corrigé et jugé d'abord par le professeur qui enseigne la matière dont est tiré le sujet. Les fautes doivent être corrigées en marge (non pas par des altérations dans le texte) et notées selon l'importance qui doit leur être attribuée. Le jugement final sur la valeur du travail par rapport aux exigences de l'examen doit être résumé par une des quatre notes suivantes : *Très bien, Bien, Satisfaisant, Insuffisant.* On y ajoutera une observation sur la valeur du travail comparée aux notes obtenues en classe (voir art. 3), mais il ne faut pas que celles-ci influent sur la note du travail d'examen ; de même, on ne doit pas faire entrer en ligne de compte la façon dont l'élève a recueilli les textes en langue étrangère qui ont été dictés (§ 7, art. 5).

2. Ensuite les compositions seront soumises à chacun des professeurs faisant partie de la commission d'examen. Dans une réunion que le Directeur tiendra avec ceux-ci, on collationnera les notes obtenues pour chaque épreuve, et des conclusions seront prises, en ce qui concerne chacun des candidats, sur le point de savoir s'il y a lieu de proposer l'ajournement ou la dispense de l'examen oral (voir § 10, art. 2).

3. Le Directeur transmettra ensuite au Commissaire royal, qui avisera, les compositions ainsi que les brouillons et le texte complet des questions et des sujets. Il ajoutera les procès-verbaux (voir § 12, 1, 2 et 3), un tableau des notes de classe obtenues par chaque candidat dans chacune des branches de l'enseignement, et toute autre pièce que le Commissaire royal pourrait lui demander. Les notes obtenues en classe par les candidats devront être arrêtées dans l'assemblée par des professeurs faisant partie de la commission d'examen *avant* le commencement des épreuves écrites, mais au plus tôt trois jours avant ; on aura soin de mentionner expressément, sur ce tableau, le temps qu'ont duré les délibérations de l'assemblée.

4. Le commissaire a le droit d'exiger et de procurer des modifications dans les notes accordées pour les épreuves écrites ; il peut même, si les circonstances le demandent, ordonner de nouvelles épreuves pour tous les candidats ou pour certains d'entre eux, et dans certains ou dans tous les sujets. S'il use de ce droit, mention en doit être faite au procès-verbal (§ 12, art. 5).

EXAMEN ORAL

§ 9. — Préparatifs.

1. La date de l'examen oral, qui doit avoir lieu dans les dernières six semaines du semestre scolaire, est fixée par le Commissaire royal.

2. Le jour de l'examen, les membres du jury devront trouver, dans la salle où aura lieu l'examen, les bulletins de notes délivrés aux candidats pendant leur séjour en Ire B et A (ainsi que les certificats de sortie de ceux qui ont fait une partie des classes de Ire B et A dans un autre établissement), et les travaux écrits faits en Ire B et A ; dans les gymnases réaux et dans les écoles réales supérieures on produira également les dessins faits en Ire B et A par les candidats. On aura soin aussi de préparer un nombre suffisant d'éditions non annotées des auteurs qui doivent être proposés à l'examen (voir § 10, art. 4).

3. En dehors des membres de la commission d'examen, tous les

autres professeurs de l'établissement sont tenus d'assister à l'examen oral. Si l'examen devait durer plusieurs jours, leur présence ne serait nécessaire que pendant la première journée.

§ 10. — Conduite de l'examen.

1. Le Commissaire royal ouvre les délibérations en rappelant à tous les membres présents le devoir du secret professionnel et en se prononçant sur les épreuves écrites et sur la façon dont elles ont été jugées. (§ 8, art. 4.)

2. Ensuite, la commission d'examen délibérera s'il y a lieu d'exclure ou de dispenser certains des candidats de l'épreuve orale (§ 7, art. 7 et § 8, art. 2) et statuera à cet égard.

Un élève dont toutes les épreuves écrites ou la majorité desdites épreuves ont obtenu la note « insuffisant », doit être exclu de l'examen oral, si les professeurs avaient déjà qualifié sa maturité comme n'étant « pas hors de doute » (§ 4, art. 5).

Un élève dont la maturité a été qualifiée comme étant « hors de doute » par les professeurs (§ 4, art. 5) peut être dispensé de l'épreuve orale, s'il a mérité cette distinction par ses progrès en classe (§ 8, art. 3), par les notes de ses épreuves écrites et par toute sa personnalité ; on tiendra particulièrement compte de son travail et de ses progrès en allemand.

3. On ne pourra examiner plus de dix élèves pendant une journée. Lorsqu'on sera forcé de répartir les candidats en séries, on devra examiner chaque série séparément et, autant que faire se pourra, terminer l'examen le même jour.

4. Il est interdit aux candidats d'apporter des livres à l'examen oral.

5. Le Commissaire royal règlera l'ordre des matières de l'examen et fixera le temps qui sera consacré à chacune. Il a le droit d'abréger ou de supprimer complètement l'examen dans l'une ou dans l'autre des matières pour certains élèves, s'il le juge bon ; d'autre part, il peut ordonner un examen dans des branches enseignées en Ire B et A, autres que celles qui sont mentionnées dans le § 5, art. 3.

6. C'est le professeur qui a enseigné une matière dans la classe supérieure [Ire A] qui interrogera sur cette matière à l'examen. Si une suppléance est nécessaire, le Commissaire royal décide ; il a aussi le droit de poser des questions aux élèves et de procéder lui-même, dans certains cas, à l'examen.

7. En religion on examinera surtout sur des sujets qui ont été plus particulièrement traités en Ire et B et A.

8. A l'examen de langues étrangères, on fera traduire aux élèves des passages d'auteurs qui ont été lus en Ire B et A ou qu'on pourrait lire avec les élèves de ces classes. On laisse à la discrétion du Commissaire royal de décider jusqu'à quel point on pourra choisir des poètes ou des prosateurs, ou les deux ; celui-ci a également le droit d'arrêter le choix des morceaux qu'on devra proposer aux élèves. On ne prendra dans les prosateurs que des morceaux que les élèves n'ont pas vus en classe ; en fait de poésies, on choisira des morceaux qui ont été expliqués, mais pas au cours du dernier semestre.

A l'examen de latin et de grec, on donnera aux élèves l'occasion de prouver qu'ils savent de l'archéologie ce qui est nécessaire pour l'intelligence des auteurs, et qu'ils sont familiarisés avec les mètres les plus fréquemment employés.

A l'examen de français et d'anglais on tâchera de s'assurer si l'élève s'est exercé à parler la langue étrangère ; on posera également des questions sur les synonymes et sur les principaux points de la métrique.

9. L'examen d'histoire a pour objet principal l'histoire d'Allemagne et celle de l'État prussien ; dans les gymnases classiques on interrogera aussi sur l'histoire grecque et romaine.

10. On rattachera à l'examen de chimie quelques questions sur la minéralogie.

11. Au cours de l'examen oral, la commission arrêtera les notes que chacun des professeurs spéciaux proposera d'accorder aux candidats pour les résultats de l'examen oral dans les différents sujets. On se servira exclusivement des notes mentionnées dans le § 8, art. 1.

12. Dans les cas de fraude ou de tentative de fraude à l'examen oral, on appliquera les dispositions énoncées dans le § 7, art. 7.

§ 11. — Jugement définitif.

1. L'examen oral terminé, la commission d'examen délibère sur le résultat de l'examen dans son ensemble. L'ordre dans lequel il sera délibéré et statué sur les différentes questions sera fixé par le Commissaire royal.

2. Avant de décider si l'examen est subi avec succès, on devra résumer en un jugement d'ensemble, par une des quatre notes mentionnées au § 8, art. 1, les notes obtenues dans chaque matière pour le travail en classe (§ 8, art. 3), pour les épreuves écrites et pour l'examen oral (§ 8, art. 1 et 4 ; § 10, art. 11).

3. L'examen oral sera considéré comme subi avec succès lorsque la

note d'ensemble (art. 2) pour toutes les matières d'enseignement scientifiques et obligatoires est au moins « satisfaisant ».

Il est inadmissible qu'une exception soit faite en considération de la carrière choisie par le candidat. Par contre, des notes d'ensemble «insuffisant» dans des matières d'enseignement obligatoires devront être considérées comme compensées par des notes d'ensemble « bien», ou « très bien », dans un nombre égal d'autres sujets obligatoires ; on observera, cependant, les restrictions suivantes :

a) Les notes «insuffisant » qu'il s'agira de compenser ne devront pas dénoter chez le candidat des connaissances inférieures au niveau exigé pour l'entrée dans la classe de Ire B.

b) La note d'ensemble «insuffisant » ne pourra être compensée que pour *une seule* des matières suivantes :

Au gymnase classique : allemand, latin, grec, mathématiques ;

Au gymnase réal : allemand, latin, français, anglais, mathématiques ;

A l'école réale supérieure : allemand, français, anglais, mathématiques, physique ;

mais seulement à la condition que la note d'ensemble pour un autre sujet du même groupe soit au moins « bien». On devra refuser le certificat de maturité aux candidats qui auront obtenu la note « insuffisant» pour plus d'une des matières mentionnées ci-dessus.

Exceptionnellement on ne tiendra pas compte de la note « insuffisant» dans l'un ou l'autre des sujets non mentionnés sous *b*), même dans le cas où il n'existerait point de chances de compensation conformément au 2e alinéa du présent article, lorsqu'il s'agit d'élèves qui, par leur personnalité et par leur développement intellectuel, méritent des égards particuliers.

4. Les professeurs de religion s'abstiennent de voter, lorsqu'il s'agit d'un élève qui n'a pas pris part à leur enseignement.

5. En cas de partage égal des voix, celle du Commissaire royal est prépondérante.

6. Le Commissaire royal a le droit de s'opposer à la décision de la commission d'examen qui accorde ou refuse à un candidat le certificat de maturité. En pareil cas, les procès-verbaux de l'examen seront soumis à la décision du Collège scolaire de la province.

7. Après la clôture des délibérations et la signature du procès-verbal par tous les membres de la commission, le Commissaire royal annonce aux candidats le résultat final de l'examen.

§ 12. — Procès-verbal de l'examen.

Un procès-verbal de la marche entière de l'examen sera rédigé; il comprendra les sections suivantes :

1. Procès-verbal de l'assemblée du Directeur et des professeurs-examinateurs dont il est question au § 4, art. 5 ; on y joindra les demandes d'admission à l'examen (§ 4, art. 4), la liste des élèves remise au Collège scolaire de la province (§ 4. art. 6) et la décision de celui-ci sur l'admissibilité (§ 4, art. 7).

2. Procès-verbal sur les notes attribuées pour le travail et les progrès en classe (§ 8, art. 3).

3. Procès-verbal sur les épreuves écrites (§ 7). On y notera l'heure où chacune des épreuves a été commencée; les noms des professeurs qui étaient chargés de la surveillance ; les noms des élèves qui ont quitté la salle pendant le travail, l'heure et la durée de leur absence ; l'heure à laquelle chaque élève a remis sa copie; en outre, on y rapportera tout ce qui peut intéresser la conduite régulière et l'appréciation des épreuves (voir notamment au § 7, art. 5 et 7).

En tête de ce procès-verbal, le directeur déclarera avoir donné aux élèves communication des dispositions du § 7, art. 7 ; de même, il certifiera, à la fin, que pendant la durée des épreuves écrites rien n'a été remarqué qui puisse tomber sous le coup des prescriptions du § 7, art. 7.

4. Procès-verbal des délibérations préliminaires de l'assemblée des professeurs avant l'examen oral (§ 8, art. 2).

5. Procès-verbal de l'examen oral. Ce procès-verbal contiendra d'abord la constatation que les dispositions du § 10, art. 1, 2 et 3, ont été observées ; on y rapportera ensuite les questions posées et les réponses de telle façon qu'on puisse entrevoir les raisons des notes accordées (§ 10, art. 11) ; enfin, on y ajoutera la délibération finale (§ 11). Comme pièce justificative on joindra le tableau des notes données à chaque élève (§ 11, art. 2).

§ 13. — Certificat.

1. Il sera délivré un certificat de maturité à chaque candidat qui aura subi l'examen avec succès. Pour la rédaction de ce certificat, on se conformera au modèle ci-joint (annexe A).

Dans le cas prévu au § 4, art. 3, on devra certifier expressément que le candidat avait obtenu, avant de passer l'examen en Prusse, l'autorisation de l'administration scolaire du pays auquel il appartient.

Lorsqu'un élève aura été dispensé de l'examen oral, on en fera mention (voir § 10, art. 2).

2. Le certificat devra contenir aussi les notes de classe arrêtées pour les matières enseignées en Ire A qui n'ont pas fait l'objet de l'examen (§ 8, art. 3).

Dans les établissements réaux, on inscrira au certificat, sous la rubrique « Histoire naturelle », les notes obtenues en botanique et en zoologie au moment de la promotion de l'élève dans la classe de IIe A.

3. Les minutes des certificats, arrêtées d'après les résultats d'ensemble de l'examen sous la responsabilité du Directeur et signées par les membres de la commission, doivent être soumises à la signature du Commissaire royal en même temps qu'un nombre correspondant de formules imprimées. Celles-ci devront porter déjà les noms et l'état civil des élèves et la signature du Directeur.

Les certificats seront signés par les membres de la commission d'examen.

4. En règle générale, les certificats seront remis aux élèves par le Directeur en présence des élèves de tout l'établissement ou des classes supérieures ; le Directeur prononcera une allocution appropriée ; c'est lui qui fixera le moment de congédier les candidats reçus.

§ 14. — Transmission des procès-verbaux d'examen aux Collèges scolaires royaux des provinces.

Le Collège scolaire de la province décide s'il y a lieu de lui soumettre les procès-verbaux de l'examen et les copies, soit en totalité, soit en partie.

§ 15. — Règlement concernant les candidats qui ont échoué à l'examen de maturité.

1. Les candidats ayant échoué une fois ne pourront répéter l'examen plus de deux fois, qu'ils continuent ou non à fréquenter un établissement d'enseignement secondaire. Un candidat qui se retire pendant l'examen sera considéré comme ayant échoué, à moins qu'il ne soit excusé par la maladie ou par toute autre circonstance étrangère à l'examen.

2. Les élèves qui quittent l'école sans avoir réussi à l'examen

reçoivent un certificat de sortie ordinaire, en tête duquel devra être mentionné l'échec à l'examen.

3. Les étudiants d'Université, possédant le certificat de maturité d'un gymnase classique, mais n'ayant pas obtenu une note suffisante pour l'hébreu, devront s'adresser à une commission d'examen scientifique pour le professorat secondaire, s'ils désirent obtenir la note de maturité en cette matière.

§ 16. — Examen de maturité des candidats qui n'appartiennent pas à un établissement secondaire en qualité d'élèves.

1. Quiconque voudra acquérir les droits que comporte le certificat de maturité d'un gymnase classique, d'un gymnase réal ou d'une école réale supérieure, sans appartenir comme élève à un établissement de ce genre, devra adresser au Collège scolaire royal de la province où habitent ses parents ou dans laquelle se trouve l'école publique qu'il a fréquentée en dernier lieu, sa demande d'admission à l'examen trois mois avant la fin du semestre scolaire ; il ajoutera à sa demande un exposé de son *curriculum*, ses derniers certificats d'études scolaires ou privées et un certificat de bonnes mœurs ; il devra indiquer expressément s'il a déjà tenté d'obtenir le certificat de maturité et à quel endroit. Si ces renseignements sont jugés suffisants (voir aussi l'art. 7), le Collège scolaire royal de la province lui assignera un gymnase classique ou réal ou une école réale supérieure de la province où il pourra se présenter à l'examen.

2. Les sujets de l'Empire allemand qui ne se trouvent obligés ni par le domicile temporaire des parents ou des personnes qui en tiennent lieu, ni par leur qualité de sujet prussien, de fréquenter un établissement prussien, devront produire, en se présentant à l'examen, l'autorisation de l'administration scolaire de l'État auquel ils appartiennent (voir § 4, art. 3), s'ils veulent obtenir le certificat de maturité d'un gymnase classique ou réal sans appartenir à l'établissement en qualité d'élève.

3. Quiconque aura appartenu auparavant à la Iʳᵉ B ou à la IIᵉ A d'un gymnase classique, d'un gymnase réal ou d'une école réale supérieure, ne devra être admis à l'examen de maturité que si une année au moins s'est écoulée à partir du moment de sa promotion effective ou possible en Iʳᵉ A jusqu'à la fin du semestre au courant duquel il se présente. C'est en ce sens qu'il convient d'appliquer les dispositions du § 4, art. 2.

4. Lorsque le candidat a déjà essayé, mais sans succès, d'obtenir

le certificat de maturité dans une autre province, le Collège scolaire royal de la province a le devoir de s'informer, auprès du Collège de l'autre province, s'il existe contre l'admission des considérations qui ne ressortent pas des certificats produits par le candidat.

5. Pour l'examen de ces candidats on suivra les dispositions des §§ 3 à 15, avec les modifications suivantes :

Les sujets des épreuves écrites seront différents de ceux qu'auront à traiter les élèves de l'établissement.

Les candidat ne pourront être ni exclus ni dispensés de l'examen oral. L'examen oral ne sera pas passé en commun avec les élèves de l'établissement. Aux sujets désignés dans le § 5, art. 3, viendront s'ajouter la littérature allemande et la géographie ; ensuite, dans les gymnases classiques, la physique, et, dans les établissements réaux, la botanique et la zoologie, si cela est nécessaire pour s'assurer que le candidat possède la mesure de connaissances exigée par le § 13, art. 2.

Les procès-verbaux de l'examen seront distincts de ceux concernant l'examen des élèves de l'établissement (§ 12).

6. Les certificats de maturité des candidats étrangers seront rédigés conformément au modèle ci-dessous. (Annexe B.)

La note relative à la moralité, qui devra figurer dans le certificat de maturité, sera rédigée d'après les certificats fournis par le candidat (art. 1) et devra y renvoyer.

7. En cas d'insuffisance, la Commission a le droit d'ajourner le candidat à un an, si elle le juge convenable.

§ 17.

Le présent règlement entrera en vigueur au terme de Pâques 1903. Cependant celles de ses dispositions qui marquent un progrès sur les dispositions antérieures pourront être suivies dès le terme de Pâques 1902.

Berlin, le 27 octobre 1901.

Le Ministre des Cultes, de l'Instruction
Publique et des Affaires Médicales.

Signé : STUDT.

ANNEXE A.

(Format officiel de l'Empire.)

(Désignation et endroit de l'établissement.)

CERTIFICAT DE MATURITÉ

N. N. (On donnera tous les prénoms, en soulignant le prénom usuel) né le 18 à (pour les petites localités ajouter l'arrondissement), (indiquer la confession, c'est-à-dire la religion), fils de (profession, nom et domicile du père ; ajouter l'arrondissement pour les petites localités) a fréquenté pendant ans l' (indication de l'école) dont ans en Prima. (Si l'élève a déjà séjourné en 1re B ou A dans un autre établissement, l'indiquer — Dans le cas prévu par le § 4, article 3, faire la remarque exigée par le § 13, article 1).

I. Conduite et application.

(Si l'élève a été dispensé de l'examen oral d'après le § 10, article 2, en ajouter l'observation (§ 13, article 1) à la note sur la conduite et l'application).

II. Connaissances et facultés : religion, allemand, latin (1), grec (2), français, anglais, hébreu (2), histoire, géographie, mathématiques, physique, chimie (3), histoire naturelle (3) ; gymnastique, dessin, chant.

(Si les résultats des épreuves écrites et orales sont différents des notes pour le travail et les progrès en classe, on devra signaler clairement cette différence. Toute appréciation devra se terminer par la note d'ensemble sur chaque matière d'enseignement, arrêtée suivant le § 11, art. 2 ; on la fera ressortir graphiquement. — Pour la note en histoire naturelle, voir au § 13, art. 2).

La commission d'examen soussignée lui a reconnu en conséquence le certificat de

MATURITÉ

au moment où il quitte l'établissement pour (indication de la carrière choisie) et lui souhaite, à son départ, (souhaits et espérances).

A , le 19...

1) A supprimer dans les écoles réales supérieures ; 2) à supprimer dans les écoles réales supérieures et dans les gymnases réaux ; 3) à supprimer dans les gymnases classiques.

La Commission royale d'Examen :

N. N., Commissaire royal.

(Cachet du Commissaire royal.)

N. N., Délégué du Conseil municipal (Conseil d'administration.)
N. N., Directeur.

(Cachet de l'école.)

N. N., Professeur, etc., etc.

ANNEXE B.

Les candidats étrangers à l'établissement recevront des gymnases classiques, des gymnases réaux et des écoles réales supérieures, un certificat modifié comme il suit par rapport à la forme indiqué dans l'Annexe A:

1. La mention au sujet du séjour du candidat à l'école, qui suit l'état civil du candidat dans la formule de l'Annexe A, sera remplacée par l'exposé de son *curriculum*. On y ajoutera ces mots : « Il a été assigné à...   (nom de l'établissement) pour y subir l'examen, par décision du Collège royal de la province de...   en date du 19... ». Le cas échéant (voy. § 4, art. 3 et § 13, art. 1), on ajoutera que le candidat a justifié de l'autorisation de son pays d'origine ou de résidence à subir l'examen de maturité en Prusse.

2. La rubrique I [de la formule A] doit être remplacée par celle-ci : « Mœurs et conduite. » Sur la rédaction de la note, voy. § 16, art. 6.

3. La phrase finale doit être abrégée selon les circonstances.

4. Il est à remarquer que les représentants des autorités de patronage des établissements publics ne devront pas signer les certificats des candidats étrangers (voir § 3, art. 3).

Note additionnelle

[Les dispositions suivantes ont été ajoutées par une Circulaire ministérielle du 26 mars 1902, adressée aux Collèges scolaires des provinces (1) !

Désormais un jugement sur l'écriture des élèves sera formulé dans
les bulletins délivrés au cours de l'année scolaire, et dans les certificats de maturité et de fin d'études; on marquera si l'élève a tendance
à ne pas signer lisiblement. Si, dans les modèles déjà imprimés de
bulletins et de certificats, pareille mention n'a pas été prévue, on
la consignera sous la rubrique : « Application ».

(1) *Monatschrift för hühere Schulen*, ı (1902), p. 299.

V

SANCTIONS DU CERTIFICAT DE MATURITÉ DES ÉTABLISSEMENTS SECONDAIRES, CLASSIQUES OU RÉAUX, DE NEUF ANNÉES. [1]

THÉOLOGIE.

[En ce qui concerne la Théologie, le Ministre de l'Instruction Publique de Prusse a déclaré à la Chambre prussienne, le 7 mars 1901, qu'il n'admettra aux études théologiques dans les Universités que des étudiants qui auront fait du latin et du grec dans un gymnase classique ou qui auront complété par un examen sur ces deux matières leurs études faites dans un établissement réal.]

DROIT.

Admission à l'étude du Droit (2).

Les ministres soussignés de la Justice et de l'Instruction Publique, autorisés par Sa Majesté, ont décidé de réglementer l'admission à l'étude du Droit d'après les principes suivants :

(1) *Centralblatt für die gesammte Unterrichtsverwaltung in Preussen*, mars 1902, p. 275.

(2) On remarquera les distinctions faites, dans ces documents, entre les établissements de Prusse et ceux du reste de l'Allemagne (*Trad.*)

1° Les établissements les plus propres à préparer à la carrière juridique sont les gymnases classiques.

2° Seront admis à l'étude du Droit, outre les étudiants qui possèdent le certificat de maturité d'un gymnase classique allemand, ceux qui ont obtenu le certificat d'un gymnase réal allemand ou d'une école réale supérieure prussienne.

3° Il est laissé aux soins et à la responsabilité propre des étudiants des deux dernières catégories et des diplômés des gymnases classiques dont le certificat de maturité n'accuse pas au moins la note « satisfaisant » pour le latin d'acquérir ailleurs les connaissances préparatoires, linguistiques et positives, qui sont nécessaires à l'intelligence approfondie des sources du Droit romain.

4° Dans l'organisation des études de Droit et du premier examen juridique, des mesures seront prises pour que les étudiants désignés ci-dessus (art. 3) aient à justifier des connaissances préparatoires y mentionnées.

Berlin, le 1ᵉʳ février 1902.

Le Ministre des Cultes, etc., etc.

Signé : STUDT.

Le Ministre de la Justice.

Signé : SCHOENSTEDT.

MÉDECINE.

Admission à l'étude de la Médecine des élèves possédant le certificat de maturité d'un gymnase réal (1).

[Le 19 novembre 1901, le Ministre des Cultes, de l'Instruction Publique et des Affaires Médicales a envoyé au Recteur de l'Université de Berlin et aux Curateurs des autres Universités de l'Empire la circulaire suivante :]

Berlin, le 19 novembre 1901.

En vertu du décret du 7 février 1894 — U. I. 195 — les sujets de l'Empire allemand doivent justifier de leur préparation scientifique aux études universitaires par le certificat de maturité d'une école secondaire, qui est exigé pour l'admission aux examens professionnels correspondant à leurs études universitaires dans leur pays d'origine.

Ces études universitaires indiquent en même temps la Faculté à laquelle un étudiant doit se faire inscrire.

Vu le § 6 du règlement de l'examen professionnel des médecins du

(1) *Centralblatt...*, déc. 1901, p. 927.

28 mai 1901, qui est entré en vigueur le 1ᵉʳ octobre de la même
année, je donne avis qu'à partir de la susdite date le certificat de
maturité d'un gymnase réal allemand doit être considéré, de même
que celui d'un gymnase classique allemand, comme justification de
la préparation scientifique scolaire exigée pour l'admission aux examens médicaux dans tout le territoire de l'Empire, et, par conséquent, aussi pour l'admission à l'étude de la médecine.

Je vous prie, Monsieur, de bien vouloir en donner connaissance
aux autorités universitaires.

Signé : STUDT.

[A la même date, le ministre a porté à la connaissance des Universités
la résolution du Conseil de l'Empire du 17 octobre 1901, relative au règlement des examens professionnels des médecins du 28 mai 1901.

Cette résolution est ainsi conçue :]

L'admission des étudiants en médecine qui possèdent le certificat
de maturité d'un gymnase réal et qui ont commencé leurs études
avant le 1ᵉʳ octobre de cette année aux examens médicaux, suivant
les règlements en vigueur jusqu'ici, ne doit pas être subordonnée à
la condition d'un examen complémentaire en latin et en grec.

[Cependant, les étudiants qui ne possédaient que le certificat de maturité d'un gymnase réal allemand et qui avaient appartenu à la Faculté de
Philosophie avant de faire leurs études médicales, ne bénéficient pas en-
tièrement de l'effet rétroactif de cette disposition, en ce sens que rien
n'est changé quant à la mesure où l'on tient compte des semestres
passés à la Faculté de Philosophie dans le nombre total exigé pour l'admission aux examens médicaux.]

LETTRES.

*Admission des élèves diplômés du certificat de maturité des gymnases
classiques allemands, des gymnases réaux allemands et des écoles
réales supérieures prussiennes ou allemandes reconnues comme parfaitement équivalentes aux prussiennes, à l'examen pour le professorat
secondaire* (1).

Berlin, le 26 février 1901.

Vu le rescrit impérial du 26 novembre 1900, j'ai décidé que dorénavant tous les diplômés du certificat de maturité, non seulement des
gymnases classiques prussiens, mais des gymnases réaux allemands
et des écoles réales prussiennes ou allemandes reconnues comme
parfaitement équivalentes aux prussiennes, seront admis également

(1) *Centralblatt...*, mars 1901, p. 279.

à l'examen pour le professorat secondaire, sans restriction à des spécialités déterminées.

En conséquence, le règlement de l'examen pour le professorat secondaire du 12 septembre 1898 est modifié comme suit :

Conditions d'admission.

Les art. 1 et 2 du paragraphe 5 sont remplacés par la disposition suivante :

1° Pour être admis à l'examen, le candidat doit produire le certificat de maturité d'un gymnase classique allemand, d'un gymnase réal allemand, ou d'une école réale supérieure prussienne ou allemande reconnue comme parfaitement équivalente à une école prussienne de ce genre, et justifier qu'il s'est consacré ensuite pendant au moins six semestres aux études prescrites pour sa future profession. Au sujet du séjour de trois semestres dans une Université prussienne, on se référera à l'Ordre de Cabinet du 30 juin 1841.

. . . .

Aux paragraphes 17 et 18 — *Examens de français et d'anglais* — on ajoutera les mots : « qu'ils justifient de leurs connaissances de la grammaire latine élémentaire ainsi que de la faculté de traduire des auteurs simples, comme César, du moins des passages faciles, » etc.

. . . .

Au paragraphe 19 — *Examen d'Histoire* — on ajoutera les mots : « qu'ils justifient des connaissances en latin et en grec qui sont nécessaires à l'intelligence des documents écrits dans ces langues, » etc.

« Veuillez, etc. »

APPENDICE

ÉTABLISSEMENTS SECONDAIRES RÉFORMISTES (GYMNASES CLASSIQUES ET RÉAUX),
SYSTÈMES DE FRANCFORT SUR-LE-MEIN ET D'ALTONA.

[Les plans d'études de ces établissements ont été communiqués aux Collèges scolaires royaux des provinces le 22 décembre 1900. (U. II. n° 4042).

Les accolades dans les plans ci-dessous ont la même signification que dans les plans normaux (voyez p. 6).

On a imprimé en caractères égyptiens les chiffres qui diffèrent de ceux des plans normaux.

Les annotations jointes au plan d'études du gymnase classique réformiste sont les mêmes que celles du plan normal (p. 7), sauf que le dernier alinéa concernant le remplacement du grec manque, et que, dans l'avant-dernier, il est dit que l'anglais peut devenir obligatoire à la place du français avec 2 heures dans les classes de IIe A, Ire B et A.

Dans les gymnases réaux réformistes, les dispositions concernant la gymnastique, le chant et la calligraphie (en IVe et en IIIe) sont les mêmes que dans les gymnases classiques. Le *dessin linéaire facultatif* ne commence cependant qu'en IIe A, tandis qu'il commence deux ans plus tôt dans les gymnases réaux ordinaires.]

GYMNASE CLASSIQUE RÉFORMISTE DE FRANCFORT-SUR-LE-MEIN.

	CLASSE DE									TOTAL
	VIe	Ve	IVe	IIIe B	IIIe A	IIe B	IIe A	Ire B	Ire A	
Religion.	3	2	2	2	2	2	2	2	2	19
Allemand et narrations d'Histoire.	4 1 } 5	3 1 } 4	4	3	3	3	3	3	3	31
Latin.				10	10	8	8	8	7 }	51
Grec.						8	8	8	8 }	32
Français.	6	6	6	3	2	2	2	2	2	31
Histoire.			3	2	2 }	2 }	2 }	2 }	3 }	16
Géographie.	2	2	3	1	2 }	— }	— }	— }	— }	10
Arithmétique et Mathématiques.	5	5	5	4	4	3 }	3 }	3 }	3 }	35
Sciences naturelles.	2	2	3	2	2	2 }	2 }	2 }		19
Calligraphie.	2	2								4
Dessin.		2	2	2	2					8
Total . . .	25	25	28	29	29	30	30	30	30	256

GYMNASE RÉAL RÉFORMISTE DE FRANCFORT-SUR-LE-MEIN.

	CLASSE DE									TOTAL
	VIe	Ve	IVe	IIIe B	IIIe A	IIe B	IIe A	Ire B	Ire A	
Religion.	3	2	2	2	2	2	2	2	2	19
Allemand et narrations d'Histoire.	4 / 1 } 5	3 / 1 } 4	4	3	3	3	3	3	3	31
Latin.				S	8	6	6	6	6	40
Français.	6	6	6	4	4	3 }	3 }	3 }	3 }	38
Anglais.						6)	4)	4)	4)	18
Histoire.			3	2	2	2 }	3)	3)	3	18
Géographie.	2	2	3	1	1	1)				10
Arithmétique et Mathématiques.	5	5	5	4	4	4	5	5	5	42
Sciences naturelles.	2	2	3	3	3	2	4	4	4	27
Calligraphie.	2	2								4
Dessin.		2	2	2	2	2	2	2	2	16
Total . . .	25	25	28	29	29	31	32	32	32	263

GYMNASE RÉAL RÉFORMISTE D'ALTONA.

	CLASSE DE									TOTAL
	VIe	Ve	IVe	IIIe B	IIIe A	IIe B	IIe A	Ire B	Ire B	
Religion.	3	2	2	2	2	2	2	2	2	19
Allemand et narrations d'Histoire.	4/1 }5	3/1 }4	4	2	2	3	3	3	3	29
Latin				6	6	6	6	6	6	36
Français.	6	6	5	4	4	3}	3}	3}	3}	37
Anglais.			4	3	3	3}	3}	3}	3}	22
Histoire.			2	2	2	2}	3}	3}	3	17
Géographie.	2	2	2	2	1	1}				10
Arithmétique et Mathématiques.	5	5	6	5	4	5	4	5	5	44
Sciences naturelles.	2	2	2	2	4	4	5	4	4	29
Calligraphie.	2	2								4
Dessin.		2	2	2	2	2	2	2	2	16
Total . . .	25	25	29	30	30	31	31	31	31	263

TABLE DES MATIÈRES

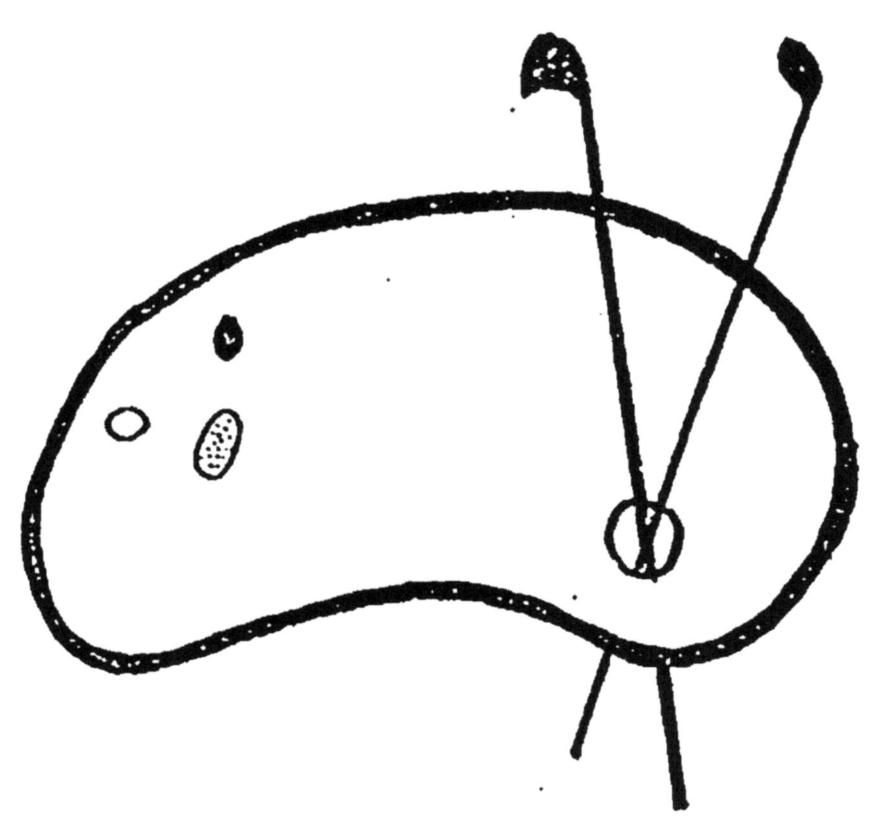